賴賢宗 著

體用與心性：

當代新儒家哲學新論

臺灣學生書局 印行

蔡 序

　　二十世紀後半，是中國文化剝極而復、返本開新的時代。這整整五十年，我實實在在生活在臺灣。而臺港兩地幾位前輩師儒的孤懷閎識，也正在此時光大發皇。我追隨其間，共同經歷了艱難的過程；而數十年的綿穆勤篤，也庶幾勉盡了一己的本分。

　　當代新儒家為國人消解了觀念思想上的「世紀困惑」，也確立了文化的走向與途徑。但相續不斷的省察，永遠都是需要的。因此，後起者的思考空間仍然很大。我個人信守「對學術負責」的原則，自然也尊重青年學人學術研究的心得。凡是可以成立的說法，我總以切磋為懷，相與為善。

　　在我所熟識的青年學人中，賴賢宗博士是非常用心的一位。他就讀臺大哲學系時，就曾以學生學會會長的身分，邀請我作公開演講，講題是「從先秦儒到宋明儒」。之後，他繼續修完碩士博士，又赴德國慕尼黑大學再攻博士學位。至於當代新儒家的著作，更持續勤加研讀，並隨時判析闡釋。尤其最近兩年，他先後在國際學術會議上宣讀論文，更集中地討論了熊十力、唐君毅、牟宗三、徐復觀諸位先生的著作與思想(對徐先生的思想，雖無專章討論，而也隨順問題而常有述評)。他的講法，都是本乎學術之公，陳述自得知之見。他所開拓的視野，值得正視。

　　儒家最能表現理性精神，儒家之學也從來就不是一個封閉的系

統。儒家人物既具凝聚的心靈，同時又有開放的精神。從先秦第一期，到宋明第二期，如今已進到儒學第三期。先秦儒是華族生命自我發展而成，宋明儒是順成先秦儒的綱領而融攝佛老，並超越佛老。當代新儒家則更是「縱貫百世之心，橫通天下之志」，既要承續傳統，又要融攝西學。當代幾位師儒的正大用心及其學術貢獻，正是據此而開顯出來。

我們認爲，今後中國文化的開展，方向已定，宗趣已明，只要步步充實開擴，必能獲致圓滿的成果。但我們也同時深知，文化非一二人之事，必須有志之士異地同心，分工合作，並持續貫注精誠，乃可臻於大成之境。我以這樣的心情，期待賴博士這一輩的新銳，以正大弘毅的器識，爲中國哲學與儒家思想的光大昌盛，發憤努力。

蔡仁厚　二○○○年九月二日
於臺中市椰風北軒

自 序

　　本書名爲「體用與心性：當代新儒家哲學新論」，是我陸續寫於1997年夏天到1999年十月的相關論文的結集。在本書中，我從體用縱橫義的觀點，重新探討新儒家哲學的心性論在當代開展的可能性及其理論基礎；在此，我闡發了熊十力、唐君毅及牟宗三哲學爲主的許多隱而不顯的儒家體用論與心性論的課題，並回到中國佛教哲學（以早期天臺佛學爲主）的體用義的討論，間亦參照康德哲學及德意志觀念論的相關論述，來重新檢視熊十力、唐君毅及牟宗三哲學的許多根本命題，從而提出我個人對於當代新儒家哲學的闡釋、批評與進一步發展的前瞻。

　　本書各篇論文多數已經在學術會議與學術期刊發表過，它們的撰寫時間、發表時地都可以在各篇篇後的後記中找到，茲不贅述。收集在這裡的各篇論文，比較起原先發表的論稿，在許多地方做過小幅度的修改，若干部分也重新編排，所以請讀者以此書所收者爲準。

　　我在1980年左右就已經通讀了熊十力、唐君毅、牟宗三、方東美的大部分著作，說來他們的書是我在那個時期的哲學上的啓蒙書。我於1981年到1982年在臺大哲學系正式修過牟宗三的「中國哲學的契入」的課，所以我應該也算是牟先生的學生，但是我多年來皆潛沈自修，獨自用心，並不以當代新儒家的宗徒自居，我也和當代新

儒家學圈保持若離若即的關係，期能從學術的客觀性來進行對此一
學派的闡釋、重檢和反省。對於牟老師的學問，我曾反覆思量，也
時而批判地反思，自從德國回來（1998）以後，在這本書中，我才
較為完整地發展自己的當代新儒家哲學的詮釋系統，而回來和整個
當代新儒家的論述之傳統銜接在一起。這是因為，經歷了我在臺灣
大學和慕尼黑大學修習兩個哲學博士的經驗，我深深感覺到：一方
面，由熊十力的體用哲學開始，當代新儒家哲學對於中國傳統哲學
的基本思想模型的重新詮釋有其深刻之處，而牟宗三匯通康德哲學
與儒釋道三家哲學的新判教也有其宏偉之處，今後若要經由詮釋傳
統哲學來重建當代中國哲學，則此一進路實在是不可以加以忽視的，
尤其是往往被忽略了的唐君毅的洞見和論述必須再加以更多的闡
揚，就此而言，當前的臺灣哲學界想要泯滅此一進路的重要性的某
些議論實在是並不恰當的；另一方面，由熊十力的體用哲學開始到
牟宗三的二重存有論的體用縱橫義的一連串的論述，這些在關於中
國哲學的傳統的詮釋上，也有其不完全恰當之處，尤其是對於佛教
和道家的體用縱橫義的詮釋並不完全公允，而在牟宗三那裡對西方
宗教採取了拒斥否定的態度，這會讓已經習慣多元價值與文化溝通
的當代人感到錯愕，這或許是當前的臺灣哲學界的意氣之爭的部分
原因之所在，而當代新儒家哲學雖然曾發揮了康德與德意志觀念論
和儒家哲學的比較的某些論題，但是需要進一步闡揚之處還很多，
自從我於今年六、七月在日本京都訪問了阿部正雄、上田閑照、花
崗永子、藤田正勝、大橋良介等位京都學派的前輩日本學者之後，
我的這種從中德比較哲學來闡釋中國哲學的當代意義的迫切感就更
加深重，中國當代新儒家哲學也早已經迫近這個的核心，我們這一

代有責任把這個任務儘快完成，我希望我的這一本書的出版能爲此
一工作略盡棉薄之力。

　　此書的完成要特別感謝張永儁老師在我就讀臺灣大學十多年來
的教導，讓我得以更深入和更整體地研究宋明清儒學，張老師的爲
人和愛護後學的風範是我和許多張老師的學生永難以忘懷的，我想，
這種精誠足以永存天壤之間。而從我讀大學開始，林安梧兄十餘年
來和我就新儒家哲學的相關論題的討論，是本書得以寫成的一大助
力。又，勞思光教授與我在華梵大學哲學系同事兩年，使我有許多
機會得以知道前輩學者對當代新儒家哲學的許多少爲人知的看法，
這實在是難得的因緣。而另一位前輩學者成中英老師十餘年來的教
導和討論（從我在1989-1990年在臺大哲學研究所上成老師的「本體詮釋學」
的課算起），讓我得以深思臺灣學界所習知的以牟宗三爲主的當代新
儒家哲學之外的儒家哲學的可能性，尤其是他近年來所闡揚的本體
詮釋學，這對我此書的思想成型也有相當大的推波助瀾之效。另一
方面，1999年的國際中國哲學會議及國際孔子學術會議中，許多大
陸學者對我的鼓勵，尤其是吳光和鄭家棟兩位教授，讓我樂觀地看
到未來的當代新儒家哲學的發展會有更大的空間。又，在德國慕尼
黑大學漢學系以唐君毅哲學爲題撰寫博士論文的范育成女士，在我
留學德國時期與我進行了有益的討論。有這些令我感念的助緣，誰
能說我在此書所深深播下的思想種子，在未來不會蔚蔚成林呢？爲
此，我祈願學界同仁能和我開誠佈公底研討此中的問題。最後，蔡
仁厚教授慷慨地爲我寫序，寬容我的許多較爲尖銳的意見，有著仁
厚之長者的風範，在此謝謝他。

賴賢宗

2000.8.30寫於玄微堂（臺北縣深坑鄉）

體用與心性：
當代新儒家哲學新論

目　錄

一、熊十力的體用論的「體用不二而有分，分而仍不二」的基本結構與平章儒佛

本文綱要

在本文第一節中，我解釋熊十力的「體用論」的「體用不二而有分，雖分而仍不二」的基本結構在理論上的創新之處，亦即，它包含了存有論的轉折與概念的執定在體用不二當中。在第二節，我從「體用不二而有分，雖分而仍不二」的基本結構出發，闡述體用之縱橫義在熊十力和牟宗三、林安梧的體用哲學中之發展，探討了縱貫、橫攝、縱貫橫攝、不縱不橫諸義，我強調創發於熊十力的縱貫橫攝的體用論的圓教之思想模式的重要性。在第三節，我以上述論理為基礎，進而指出熊十力體用哲學的儒佛會通的進一步的可能性。

本文包括下列各節

關鍵字：現代新儒家哲學、熊十力、體用論、牟宗三、儒佛會通
Contemporary new Confucianism、Xiong Shili、Onto-hermeneutics、Mou Zongsan、Comparison between Confucianism and Buddhism

導　論

翟志成在〈常懸天壤念孤心——熊十力在廣州（1948-1950）〉和〈論熊十力思想在一九四九年後的轉變〉兩文重構了熊十力第二次在廣州的情況，並對熊十力的所謂的1949年前後的思想轉變加以評述。翟志成認為熊十力的思想在1949年之後有一個思想轉向，亦即，

1949年以後熊氏已經改動以前之「體用不二而有分」而成爲只說「體用不二」。❶我在本文就此提出反駁，指出「體用不二而有分」的說法仍存在於1949年之後的熊十力的體用哲學，而爲其體用哲學的基本結構。

　　詳言之，則此一熊十力體用哲學的基本結構應說爲「體用不二而有分，分而仍不二」。我認爲，熊氏此論有其解決傳統儒家心性論之弱點並融會儒佛的苦心，前者是指傳統儒家的心性論較弱於下列兩點：⑴較弱於解釋現象流轉的存有學內在轉折，較缺乏對分殊性原理的闡釋與惡的原理的說明，⑵較弱於知識論的建構。就融會儒佛而言，熊十力的《新唯識論》融會了佛教唯識學於熊氏自己對大易哲學的新詮，闡揚「體用不二而有分」、「心體恆轉」與「性智顯現」等等義理，爲新儒家哲學的心性論與本體詮釋學開拓一新的面向，熊十力肯認這個新儒家體用哲學與佛教如來藏說的會通的進一步的可能性，熊十力在佛學上因此歸於「空有統一之中道」的如來藏思想，也重新反思了大乘佛教的「創生本體論」的新詮的可能性❷。

　　我的此一論文旨在解釋：「體用不二而有分，分而仍不二」貫穿

---

❶　翟志成的相關討論見其《當代新儒家史論》，臺北，允晨出版社，1993，頁258。

❷　關於熊十力的大乘佛教的「創生性本體論」的討論，參見林鎮國，《空性與現代性》，臺北，立緒出版社，1999，頁91，林鎮國説「熊十力和牟宗三兩位現代儒家對佛教的詮釋可以看到彼此之間的師承連續性，其共同的立場在於重建創生的本體論」；同書第78頁論述了熊十力的大乘佛教的「創生性本體論」的基本要義在於「以翕闢説明轉變」，林鎮國説「熊氏從印度唯識學的意識哲學轉向中國玄學（本體宇宙論）的建構，終於完成於文言本《新論》以翕闢二形上學原則説明轉變」。

於熊氏1949年前後的思想，而翟氏的前述推斷爲誤，「體用不二而有分，分而仍不二」是熊十力體用論的基本結構（第一節）。此論述基於對體用縱橫義的重省，而歸於「縱貫橫攝」之「體用不二而有分，分而仍不二」的圓教的思想模型的提出，它融會儒佛並解決上述的傳統儒家心性論之弱點。在此一熊十力體用論的「體用不二而有分，分而仍不二」之基本架構當中，「體用不二」是體用論的縱貫縱生，「而有分」則是易的本體學的內在轉折與知識論之開出以說明現象之流轉，是體用論的「橫列橫攝」，「分而仍不二」則是說明體用論的不縱不橫（第二節）。熊十力的體用論對於縱貫與橫列的討論早見於天臺佛學，❸牟宗三則以體用縱橫說明儒家和釋道之圓教，❹我的此一

---

❸ 天臺智者所論縱橫與不縱不橫與其對地論師與攝論師的批判有關，天臺依此而提出其圓教，《摩訶止觀》卷第五上，大正第46卷，第54頁：「若從一心生一切法者，此則是縱。若心一時含一切法者，此即是橫。縱亦不可，橫亦不可，祇心是一切法，一切法是心故。非縱非橫，非一非異，玄妙深絕，非識所識，非言所言，所以稱爲不可思議境。意在於此。……地人云：一切解惑真妄依持法性，法性持真妄，真妄依法性也。攝大乘云：法性不爲惑所染，不爲真所淨，故法性非依持，言依持者阿黎耶是也。無沒無明盛持一切種子。若從地師，則心具一切法，若從攝師，則緣具一切法。此兩師各具一邊，若法性生一切法者，法性非心非緣，非心故而心生一切法者，非緣故亦應緣生一切法，何得獨言法性是真妄依持耶。若言法性非依持，黎耶是依持。離法性外，別有黎耶依持，則不關法性，若法性不離黎耶，黎耶依持即是法性依持，何得獨言黎耶是依持，又違經。經言：非內非外又非中間，亦不常自有。又違龍樹，龍樹云：諸法不自生，亦不從他生，不共不無因」。

又，《摩訶止觀》卷第三上，大正第46卷，第23頁論圓信與不縱不橫：「若信三德絕大不思議，通義既明，須信止觀絕大不思議。若信涅槃三法具足祕密藏，……若信三德不縱不橫不並不別，如三點三目者，亦信三止三觀不縱不橫不並不別。……又通諸三名，所謂三菩提三佛性三寶等，一切三法亦如是」。

又，論「不縱不橫與不一不三」，《摩訶止觀》卷第三上，大正第46卷，第23頁：「云何字義縱橫，云何字義不縱不橫。答：諸小乘師說，般若種智已

論文對此中所包含的儒佛會通的新的可能性，亦予以考查（第三節）。

第一節　從理論內涵論「體用不二而有分」為熊十力「體用不二」之說的貫穿於其前後期哲學的要義

1.問題之提出

我在〈重檢文獻論熊十力體用論思想之一貫性〉一文已由書信與相關文獻證明熊十力於1949年之後未捨棄《新唯識論》的「體用不二而有分」之說，現在，本文更從理論內涵論「體用不二而有分」為熊十力「體用不二」之說的貫穿於其前後期哲學的要義。

圓，果縛尚在。……此義各不相關，並之則橫，累之則縱。諸大乘師說，法身是正體，有佛無佛本自有之，非適今也。……此字義縱也。又言：三德無前後一體俱足，以體從義而有三異，蓋乃體橫而義縱耳。又言：體義俱不殊，而有隱顯之異。俱不異未免橫，隱顯異未免縱。眾釋如此，寧與經會。今明三德皆不可思議：那忽縱，皆不可思議，那忽橫，皆不可思議。那忽一，皆不可思議。那忽異，皆不可思議。此約理藏釋，身常智圓斷具。一切皆是佛法無有優劣，故不縱。三德相冥，同一法界，出法界外，何處更有別法，故不橫。能種種建立，故不一。同歸第一義，故不異。此約行因釋也。即一而三故不橫，即三而一故不縱。不三而三，故不一。不一而一，故不異。此約字用釋也。真伊字義為若此」

❹　牟宗三，《中國哲學十九講》，臺北，學生書局，1983，第六講〈玄理系統之性格——縱貫橫講〉、第十九講〈縱貫系統的圓熟〉及《圓善論》，臺北，學生書局，1985，頁265、302、306、328、338。

熊十力的1952年7月27日致梁漱溟書所說的「《新論》故說體用本不二，而亦有分；雖分而仍不二也」❺，據筆者所查，此中所說乃指《新唯識論》語體本第八章〈明心上〉（河洛版、頁273）和〈功能上〉（頁115）的相關論述。前者說明了「而亦有分」，後者強調了「分而仍不二」。熊十力對其體用不二之論進一步說明其「而亦有分」，而又強調「分而仍不二」，強調了體用不二之觀點下之「用的差異化作用」，以及此一差異化作用之仍爲一本之論，實說明了體用不二之論的深刻性，而爲貫穿於熊十力前後期哲學，爲其體用不二之論的基本結構❻。說明如下：

2.「而亦有分」——體用不二之觀點下之「用作爲分殊性原理」

熊十力在《新唯識論》〈明心上〉說明爲何在主張「體用不二」之後有主張體用「有分」的原因如下，此爲筆者所查熊氏原典之最能說明其哲學理據者：

> 吾平生談本體，原主體用不二。但既力體用二詞，即其義不能無辨，夫本體，具足萬德，含藏萬化，本無所不足者也。

---

❺　熊十力信，見翟志成《當代新儒家史論》，頁212。
❻　關於貫穿於熊十力前後期哲學的體用不二之論的基本結構的討論，較重要的討論可參見郭齊勇的《熊十力與中國傳統文化》（臺北，遠流出版公司，1990）第四章〈體用不二的博大思想體系〉、鄭家棟的《當代新儒學論衡》（臺北，1995）的〈現代新儒學的邏輯推展及其所引發的問題〉及林安梧，《存有‧意識與實踐——熊十力體用哲學之詮釋與重建》（臺北，東大出版社，1993）。

　　故夐然絕待，然體雖無待，而成爲用，則有分殊，分殊即是
相待。故體之成用，是由無待而現爲相待。於此相待，便喚
作一切物（人亦物也），此一切物，隨舉其一，皆具有大全的
本體。（……）但本體舉其自身現爲相待的一切物以後。而從
每個物或個人份上來說（……），則個人雖具有全體。（大全的
本體，省云全體，后倣此）雖性份上無所不足。然約個人成形言，
畢竟爲有限的（凡相待的，即是有限的）由此，由此而形有障性
的可能 ❼

　　簡言之，熊氏認爲吾人在主張體用不二又須再標舉體用「有分」
的理由在於：在即體顯用的大化流行的過程當中的分殊性原理尚待說
明，在體用論中，性體的存有論開展與轉折及執定仍有其必要性，❽因
爲：

　　（1）對於分殊的解釋：「體雖無待，而成爲用，則有分殊」，
若要解釋現象世界之分殊，需要「用」做爲分殊原理，「用」在體用
不二論之觀點中是差異化原理，所以須說體用不二而有分，否則世界
之萬殊就不能顯現，而乾坤息。

　　（2）對於障蔽性與罪惡性的解釋：「形有障性的可能」，性體
具無窮性德，但是，個體一但成形，則畢竟是有限的存在，可以障礙
性體之顯現，甚至有種種之罪惡。

　　據此可知熊十力強調體用雖不二而「有分」，乃是因爲要用之以

---

❼　熊十力，《新唯識論》語體本，臺北，河洛出版社，1974，頁273。

❽　參見林安梧，《存有・意識與實踐》，臺北，1993，頁219-248，第八章〈存
　　有對象的執定：存有的轉折與概念的執取〉。

做爲個體化原理和分殊性原理，並用以解釋世界的有限性、障蔽性與罪惡性。這又是貫穿於其晚期作品《體用論》、《明心篇》之所論。

3.「分而仍不二」，分殊化原理與一本之論

熊十力進一步論述了「分而仍不二」，熊十力說：

> 吾所云用，原依本體之流行而說，如澈悟眞性流行（眞性即本體之異名），是爲即體成用（謂即此體，全成爲用，非體在用之外故），即用呈體（……）。則體用，雖不妨分說，而實際上，畢竟不可分。❾

熊十力在此認爲「體用，雖不妨分說，而實際上，畢竟不可分」，依此，分說體用是爲了解釋分殊性原理以及世界當中的障蔽性，但最終仍歸趨於體用不二。在此一引文之後文，熊十力批評了佛學之分裂體用，亦即，以不生不滅之眞如爲體，而以生滅爲用，因此，佛學雖主張「眞如即是主張諸法實性」，但不能主張「眞如顯現爲一切法」。那麼，不生不滅的眞如性體如何能生起生滅之用，在佛學即成一問題，割裂性相爲二，而有二重本體之過失。熊十力之強調體用畢竟不可分和依於此而對於佛教的評判，也是貫穿到其1949年之後的晚期思想。如《體用論》〈佛法上〉：「佛家所以割裂性相爲二，蓋非無故。佛法本是反人生之出世法❿」，「其談到眞如處，可著無不爲三字否，

---

❾　熊十力，《新唯識論》語體本，臺北，河洛出版社，1974，頁115。
❿　《體用論》，臺北，學生書局，1976年，頁86。

佛氏只許說無爲，斷不許說無爲而無不爲，遂有廢用以求體之失」❶，
又

> 空宗可以說眞如即是萬法之實性，而決不許說眞如變成萬法。
> 此二種語勢不同，其關係極重大。兹以二語並列於左。〔甲〕
> 眞如即是萬法之實性。〔乙〕眞如變成萬法。❷

又，熊十力的1949年之後晚期思想並未放棄如翟氏所說的放棄早
期思想中之「體用不二而可分」。《體用論》第二章佛法上，熊氏在
此直指「體用可分，而實不可分」，❸這和《新唯識論》語體本〈功
能上〉所說的「體用雖不妨說，而實際上，畢竟不可分」❹是同樣的
理路，此一共同的理路應表達爲「體用不二而可分，分而仍不二」。

林安梧在《存有·意識與實踐》一書所重構的熊十力的體用哲學，
亦有助於我們看清此中的問題。此一重構包含如下要點：

1.佛教空宗破相顯性，以縱貫底直承性體，但空宗所了解的性體
並無創生意涵，不能起用，如此則只能解釋性體之寂滅性，而不能解
釋性體之創生性。

2.佛教有宗立種子與阿賴耶識欲以說明現象之生起，但如此只能
說明橫攝系統中之業染之生起，而不能眞正說明性體之轉變與功能，

---

❶　《體用論》，臺北，學生書局，1976年，頁110。

❷　《體用論》，臺北，學生書局，1976年，頁88。

❸　其上下文爲「王陽明有言，即體而言，用在體。即用而言，體在用。此乃證
眞之談。所以體用可分，而實不可分。此意祇可向解人道得，難爲不知者言
也」，參見《體用論》，臺北，1976年，頁105-106。

❹　熊十力，《新唯識論》語體本，頁115。

而且不生不滅之眞如與生滅之業染裂成兩片，有二重本體之失。

3.熊十力另立體用不二之說，以闢闔之性德釋本體之功能，攝相歸性，性相圓融。

4.一方面，全體在用，性體之縱貫的創生包含了相之開展，此中之相的開展是指存有學的特殊性原理而言，非如空宗之一逕破相以顯寂滅之性，而是感通於相（象）以體仁，實現仁體之至善；因此，「體用不二而有分」，「有分」是因爲存有學的特殊性原理的開展已蘊含於性體之大化流行之健動性當中。

5.二方面，全用顯體，現象世界之相在橫攝系統之展現，如概念之執定等等，皆能在一念之迴機與本心自反中，回復爲縱貫之性體之展現。因此，「體用不二而有分，分而仍不二」，分殊性原理的顯現於知識之橫攝系統中之種種差異之相（有分），其實仍在性體創生之縱貫系統當中（分而仍不二）。

6.明了性體在功能轉變中，包含了存有學之轉折與相（象）之開展；而後者則融攝有宗之知識論，是橫攝系統，知識論之相（象）之呈現亦可道通於性體。合此兩方面而言之，則體用不二之論是縱貫橫攝系統。

7.體用論的這兩方面亦有其量論上的意涵，量論爲《新唯識論》的一章，終熊十力一生未及作，依《原儒》〈序言第一〉對此一量論的簡述可知，〈量論〉一篇可分證量和比量。依熊十力體用不二之論：⑴就證量而言，全性在修，即本體即功夫，性體之縱貫創生即是一差異化的分殊性原理之開展，因此，「體用不二而可分」，此「分」是指在體用不二的現成當中所具現的「分殊性原理的差異化活動」。⑵就比量而言，在知識論的橫攝系統中，有限性存在者的知解活動與惑

染，能障性體，而成為罪惡之源，但在一念迴機當中，它就不僅是不脫不異於性體，甚至於惑染與概念知識皆為實現性體的素材，因為縱貫之性體雖開展為分殊性原理之差異化力動，若無人以橫攝體系之比量對性體之差異化活動進一步加以裁成與化育，則性體之富有大業亦不能真正完成，因此，「體用不二而有分，分而仍不二」，分殊性原理不僅表現在性體縱貫創生之存有學的差異化活動，亦為比量之知識活動和業染所必需，故說「體用不二而有分」之「分」，但是在此必須強調「分而仍不二」，透過一念之迴機將比量統攝於縱貫橫攝系統之中，否則知識和惑染都將成為罪惡的根源。

　　因此，體用論的量論蘊含了體用義的縱貫橫攝的課題，蘊含了前述的存有律動當中的存有的轉折與概念執定作為實存的存在模式的課題，終熊十力一生未及作體用論的量論，這個未竟的志業被牟宗三所繼承❶，而牟宗三後來所做的《認識心的批判》和《現象與物自身》和他對圓教的體用縱橫義的種種分疏皆可視為體用論的量論的一個嘗試。只是，我認為牟宗三對於圓教的體用縱橫義的把握尚有所疏失，對於體用縱橫義的縱貫橫攝和不縱不橫並未有恰當的理解。

---

❶　熊十力寫給牟宗三的信收在熊十力的《十力語要》（臺北，洪氏出版社，1975年初版）頁340、382、408、417-424、466-483諸封，討論體用論之量論的有第417-424頁的熊牟往來書信，討論康德哲學與體用哲學的會通，見第382頁和第341頁之信，熊十力說「吾子欲申明康德之義，以引歸此路。甚可著力。但康德所謂神與靈魂、自由意志三觀念，太支離。彼若取消神與靈魂，而善談自由意志。豈不妙哉。叔本華之意志，無明也。康德之自由意志，若善發揮，可以融會吾大易生生不息真幾（此就宇宙上言）。可以講成內在的主宰（此可名以本心）。通天人而一之。豈不妙哉」（頁382），牟宗三在1949年之後的會通康德哲學與中國哲學的學術創造，就是沿著熊十力此處所提示的這個線索而前進的。

　　《中庸》之闡明「自誠明」與「自明誠」。一方面，性體自誠明，性體自身即是一誠的活動，從而帶來明，即，帶來存有者做爲存有者與存有者做爲殊散之存有者之朗顯。二方面，性體之開顯自明誠，知識論之橫攝系統之照明活動（致知）亦通過一念迴機（誠意）而通貫於性體，因此，《中庸》之闡明「自誠明」與「自明誠」亦與此中所論述的縱貫橫攝系統相貫通，可見縱貫橫攝之思想模型早已存在於古典儒家哲學之中。

第二節　縱貫、橫攝、縱貫橫攝、不縱不橫與體用論之「體用不二而有分，分而仍不二」

1.縱橫與熊十力體用哲學的三個環節

　　承前，熊十力的「體用論」實包含下列三個環節：

　　⑴體用不二

　　⑵體用不二而有分

　　⑶體用不二而有分，雖分而仍不二

　　這三個環節都包含在熊十力的1949年前後的兩期思想當中，是其體用論的基本結構。翟氏的詮釋忽視了1949年之後的關於此中之第二環節（關於「體用不二而有分」）的文獻，亦未指明第三環節（關於「體用不二而有分，雖分而仍不二」）已存在於早期的《新唯識論》之一事實。而筆者以爲此一「體用不二而有分，雖分而仍不二」的體用論的基本結構，實有著深刻的本體詮釋學（Onto-Hermeneutik）的意涵。

2.體用縱橫義之異趣：「縱貫橫攝」與牟宗三之「縱貫橫講」

　　就上述的第二個環節「體用不二而有分」而言：誠如熊十力的再傳弟子林安梧的熊十力詮釋所指出的，存有之轉折及概念的執取為熊十力的體用哲學之必要的一環，吾人以為這意謂著「體用不二而有分」之「分」的分殊性原理是體用哲學的必要的一環，「體用之為體用，它不只是這縱貫的、創生的關係而已，而且這縱貫的、創生的關係必已包含了一橫攝的、認知的關係」⓰，「縱貫橫攝」為我在反思熊牟的體用哲學與中國哲學圓教的體用縱橫義的思想模型時所獨創的用語⓱，林安梧雖未在此詳細說明「縱貫橫攝」一語，但吾人可以據他所做的相關闡釋而認為其所闡釋的熊十力體用論的思想基本模型為「縱貫橫攝」。其實，雖然牟宗三以「縱貫系統」與「橫攝系統」為宋明理學之基本區分⓲，但是，牟宗三早已在《心體與性體》即曾提出「縱貫橫攝」的想法，牟宗三說：

⓰　林安梧，《存有·意識與實踐》，頁222。

⓱　我在〈朱子論「心統性情」與易體的交涉〉一文曾就朱子論心統性情之主體性與易體的交涉之課題，指出新儒家哲學中的「縱貫橫統」系統的可能性，而反駁了將橫列橫攝的課題單純的排除於縱貫系統之外的作法，見此文第二節，此文之初稿寫於1992年，發表於1995年5月出版的《哲學論衡》，關於體用縱橫在康德哲學與中國哲學的會通之意義，我也早於1992年的《康德倫理學「自律」問題研究——兼與朱熹「心統性情」比較》提出我的見解。

⓲　牟宗三以「縱貫系統」與「橫攝系統」為宋明理學之基本區分，見《心體與性體》第二冊，頁432及《心體與性體》第一冊，頁49。

以縱貫系統融化橫攝系統而一之，則是今日之事也❶

　　林安梧以「縱貫橫攝」的思想模型來重新理解熊十力的《新唯識論》的體用論的基本結構，是基於林安梧對體用論哲學之存有三態與此中的概念的執取與存有的轉折的解釋，林安梧說：

　　「存有的根源-『X』」自如其如的開顯其自己這樣的「存有的開顯」到「存有的執定」，這裡有一個轉折，這是從「無執著性的、爲對象化的存有」這個階層到「執著性的、對象化的存有」這個階層的一個轉折，這是由實踐的理念到概念機能的執取的一個轉折，這是由「活生生的實存而有」動態的辯證開展，到「定象性的存有」靜態的執取決定這樣的一個轉折。依熊氏看來，這樣的一個轉折並不完全是由於概念機能總體的執取而造成的轉折，相對的來說，是因爲存有的開顯本身具有其轉折的可能，所以使得概念機能總體對之能有所執取，因而造成這樣的轉折。換言之，概念的執取與存有的轉折是一而二、二而一的。❷

---

❶　牟宗三，《心體與性體》第一冊，頁414。但是，關於「橫攝系統」在宋明理學之開出，牟宗三並未有充分之說明，他似乎以爲回到明道之一本論之渾全，即可解決此中的問題，牟宗三即曾以此而論述了明道一本之圓教之橫說與豎說，「故吾亦說仁以感通爲性，以潤物爲用。橫說視覺潤，豎說是創生。橫說、覺潤不能自原則上劃定一界限，說一定要止於此而不當通於彼。何處是其極限？並無極限……橫說是如此，豎說、則覺潤即涵創生。故仁心之覺潤即是道德創造之眞幾」，參見牟宗三，《心體與性體》第二冊，頁223-224。
❷　林安梧，《存有·意識與實踐》，頁152。

　　進一步，林安梧也以「縱貫橫攝」來重新理解熊十力的《新唯識論》的體用論的融通儒佛，認為熊十力哲學能用體用論融通空有二宗。此中，一方面從平鋪的眞如到縱貫的創生是熊十力對空宗的批判和融攝，本體不僅是清淨無染之眞如，亦且是縱貫創生的本體❷❶。二方面從橫面的執取到縱貫的創生是熊十力對有宗的批判與融攝，概念的執定並不脫離於本體的縱貫創生。❷❷林安梧認為此一融攝空有之體用哲學為一從本源的存有到存有的開展再到概念的執定之存有三態論，林氏以「存有三態論」論述了熊十力之體用論哲學之進於傳統哲學，乃是爲了補強傳統儒家心性之學之下列兩點弱點：❷❸(1)「存有之轉折及執定的可能」在傳統儒學中為較弱的一環，及(2)「概念之執取之完成」在傳統儒學中很少被說明。林安梧進而指出此一存有三態論之體用論為一活生生的實存而有之學。熊十力的存有三態論之存有學是活生生的實存而有之中國存有學，在三法圓融中存有展現為活生生的實存而有，與西方的作為實體學的存有學有所不同。林氏所論，不惟闡示了熊十力的體用論的基本結構，闡示了「體用不二而有分，雖分而仍

❷❶　林安梧，《存有·意識與實踐》，第六章〈從平鋪的眞如到縱貫的創生：對空宗的批判與融攝〉。

❷❷　林安梧，《存有·意識與實踐》，第七章〈從橫面的執取到縱貫的創生：對有宗的批判與融攝〉。

❷❸　林安梧，《存有·意識與實踐》，頁138，「從「存有的根源──『X』」（境識俱泯）到「存有的根源之如如開展」（境識俱起而未分），到「存有的執定」（境識俱起而分立）這是三個不同的階段，它代表著三個不同的層次」。相關討論又見林安梧，〈後新儒家哲學之擬構：從「兩層存有論」到「存有三態論」〉，1997年7月，第十一屆國際中國哲學會議。

不二」，亦且點明了儒學體用論在當代發展的宗旨所在。成中英也曾就此指出「吾人亦可謂『性智』與『量智』的關係爲易經哲學所啓示的『一分爲二』『二分爲一』的關係。……即體即用意在於體用的能合能分，能分能合」❷。

　　熊十力之體用論已含有以「縱貫」和「橫攝」說明體用，牟宗三繼承了其師熊十力之體用論，用體用縱橫說明儒家「圓教」，並判佛家道家之圓教爲「縱貫橫講」❷與「境界型態」❷，此爲牟氏的創說。

　　我則認爲，熊十力的體用論具有一個「縱貫橫攝」的終極模型，既縱又橫，融通體用，吾人可說此一「縱貫橫攝」爲體用論之圓教模式。用「縱貫橫攝」說明熊十力的儒家圓教，這也是爲林安梧以存有三態論來闡釋熊十力體用論的基本要義之所在，和其師牟宗三分判縱貫橫講、縱貫縱講與橫列系統有所不同。

　　牟宗三擅長天臺哲學，他以「圓教」闡明儒家心性之學的終極形態，實借語於天臺佛學，而牟氏批評道家與佛家雖有會於性體之清淨寂滅，但卻不能直承性體之縱貫創生，只爲「縱貫橫講」，而不及於「縱貫縱講」之儒家的圓教之能彰顯圓教之實義❷。因此，牟氏獨彰

---

❷ 成中英，〈熊十力哲學及當代新儒家哲學的界定與評價〉，收於《知識與價值：成中英新儒學論著輯要》，北京，中國廣播電視出版社，1996，此處的討論見頁276。

❷ 牟宗三，《中國哲學十九講》，臺北，1983，第六講〈玄理系統之性格──縱貫橫講〉、第十九講〈縱貫系統的圓熟〉及《圓善論》，臺北，1985，頁265、302、306、328、338。

❷ 牟宗三論「境界型態」，參見牟宗三《中國哲學十九講》，臺北，1983，頁102、121、423。

❷ 牟宗三，《中國哲學十九講》，第十九講〈縱貫系統的圓熟〉。

　　⑵特予詮釋蕺山學。

同環節意即：由「倫理學的自律」（Autonomie in derEthik）發展到強調「主體哲學的能動性」（Tatigkeit in der Philosophie derSubjektivitat），再到「在世界中的精神」（Geist in der Welt）的三個哲學環節。本文指出，這三個共同的思想環節就成了《道德自我之建立》的內在思想發展線索，這是青年唐君毅思想的突破。唐君毅稱他自己的新儒家哲學為「道德的理想主義」，唐君毅的這個洞見對今天的東西哲學之會通仍有其不可取代的意義。

本文的進行方式如下：第一節的1討論青年唐君毅哲學的思想形成與1939、1940年的思想突破。2簡述了1939、1940年的思想突破中的青年唐君毅哲學的基本模型，由於這只是一個簡述，我們將暫不說明它們根據的唐君毅的原典。第二節和第三節將對於上述的青年唐君毅在此所把握到的這個德意志理想主義和東土先哲之教的共通的內在運動的三個環節分兩方面再加詳述。

本文第二節論述「論早期青年唐君毅哲學的思想形成與相關文獻的抉擇」，雖然唐君毅曾對寫於1934到1941年的《中西哲學思想之比較研究論集》諸文和寫於1943年到1946年的《中國哲學史稿》各部份論稿予以否定性的評價，但是，就其實質而言，唐先生所否定的即為其部份，而非其全部，這兩部份的論稿及其論義部份地被採用於他晚期的作品當中，對於研究唐先生的思想形成及思想原型有莫大的助益，因此，對於《中西哲學思想之比較研究論集》和《中國哲學史稿》施以一文獻學的考察是必要的，我在本文的第二節從事這個工作。

本文第三節論述「青年唐君毅的思想突破中的對宋明新儒學三系的新詮和對於康德、費希特到黑格爾的思想發展的詮釋與轉化」，我在此節當中論述了唐君毅在1934年到1946年間的對宋明新儒學三系的

新詮釋，這個新詮釋是唐先生自謂的他的哲學的「根本精神」，我也將論述唐君毅怎樣根據這個「根本精神」重新理解了康德、費希特到黑格爾的思想發展，並提出唐先生的「道德的理想主義」。

前述早期唐君毅哲學的基本模型的影響也存在於唐先生晚期的哲學著作中，尤其是對其扛鼎之作《中國哲學原論》和《生命存在與心靈境界》而言，關於這一點的討論由於篇幅的限制，本文未能進一步詳論。

第一節 青年唐君毅哲學的思想形成與1939、 1940年的思想突破

1.青年唐君毅的哲學突破

在唐君毅哲學的發展中，寫作於1939、1940年（31、32歲）並發表於1942年和1943年的〈道德的實踐〉、〈世界的肯定〉和〈精神的表現〉佔著一個決定性的地位。這三個論文於1944年集結成《道德自我之建立》一書出版。唐君毅哲學的扛鼎和殿軍之作《生命存在與心靈境界》的〈後序〉曾指出：「吾今之此書之規模，亦不能出於此二書所規定者之外」❸，這裡所謂的「此二書」，指的就是：《道德自我之建立》和《人生之體驗》。可以說，從《道德自我之建立》開始，才成立了唐君毅哲學。青年唐君毅在哲學思想上的根本突破與他對德

---

❸ 唐君毅，《生命存在與心靈境界（下）》（《唐君毅全集》卷24，臺北，學生書局）〈後序〉「五、本書思想之緣起」，第479頁。

國理想主義和宋明理學的研究和反省有關，他在此一突破中，把握到了共通於德國理想主義和宋明理學的根本結構，並且用後者的天道性命之教中的無限心主體哲學，對前者的根本命題加以轉化，提出「道德的理想主義」。

唐君毅對於自己的這個思想突破，在收於《人文精神之重建》的〈我對於哲學與宗教之抉擇〉一文曾做如下重要自述：「三十左右，便走到喜歡西方唯心論的路子上，這眞是始料所不及。由此再來看中國先秦儒家宋明理學佛學,才知先秦儒家宋明理學佛學又有超過西方唯心論之所在。直到民國三十七年寫宗教意識之本性一文後，至今五六年，我才對宗教之價值，有所肯定，同時認識儒家中之宗教精神。」❹，簡言之，1935年到1943年之間，唐君毅由於研究了德意志理想主義的哲學，唐君毅的哲學漸由新實在論的立場轉移到唯心論，他對德意志理想主義的理解也經歷了一個組織化的過程，並經由先秦儒家宋明理學佛學的繼續研究，發現東土哲學和德意志理想主義在唯心論哲學的內在運動是若合符節，有其一致之處的，但東土哲學在最後歸趣的表達上，又有勝於德意志理想主義之處，因此唐君毅將「德意志理想主義」轉化爲「道德的理想主義」。

本文說明：《道德自我之建立》一書的〈道德的實踐〉、〈世界的肯定〉和〈精神的表現〉三部表現了一個「道德自我和道德自律」到「主體能動性的肯定」再到「精神在歷史世界的表現」的思想運動，這個思想運動和唐君毅所首先抉擇出的宋明理學中從朱子理學到陽明

---

❹　唐君毅，〈我對於哲學與宗教之抉擇〉，《人文精神之重建》，臺北，學生書局，1978年第三版，第565頁。

心學，再到戴山的新的氣論和宗羲船山的人性史學和新經學，在思想運動的結構上，有一個平行的結構。

唐君毅對於這個平行結構在《道德自我之建立》的自序（寫於1943年）指出：「著者思想之來源，在西方則取資於諸理想主義者，如康德、菲希特、黑格爾等爲多，然根本精神則爲東土先哲之教」❺。因此，這個「平行結構」又可分爲兩部份：⑴德意志理想主義，主要是存在於康德、費希特和黑格爾哲學之中的三個環節的內在運動⑵東土先哲之教，主要爲宋明理學中的朱子、陽明和戴山的儒家天道性命之學的三個環節的內在運動。我稱這個隱藏於青年唐君毅的哲學論述中的德意志理想主義和東土先哲之教的「平行結構」爲青年唐君毅哲學的基本模型。

2.1939、1940年的思想突破中的青年唐君毅哲學的基本模型

前所列《道德自我之建立》自序（寫於1943年）引文標出理想主義者康德、菲希特、黑格爾哲學和東土先哲之教對唐君毅思想突破的影響，根據《道德自我之建立》（寫於1939、1940年），以及根據收於《中西哲學思想之比較研究論集》的〈論中西哲學中本體觀念之一種變遷〉（寫於1935年）、〈中西哲學中關於道德基礎論的一種變遷〉（寫於1936年），以及寫於1943-1946年的《中國哲學史稿》，寫於1951、1952年的〈西方近代理想主義之哲學精神〉手稿，我們可以斷定唐君毅在

---

❺　同註❶。

此所把握到的這個德意志理想主義和東土先哲之教的共通的內在運動的三個環節爲：

首先，康德將倫理學建立在「責任」的「應然的道德意識」之上，並發展了以「斷言令式」爲中心的「自律倫理學」。這個對康德哲學的論述，表現在《道德自我之建立》第二部〈道德之實踐〉及其他相關論述中。在唐君毅的相關闡析中，康德的這個發展，約可平行於朱子的抉擇出「敬」與「理」，做爲其道德哲學的基礎❻。

其次，費希特知識學做爲先驗哲學體系的突破：康德的「自律倫理學」有陷入「形式主義倫理學」和割裂理論理性與實踐理性的危機，費希特由對這個危機的反省和克服出發，發展了其知識學，提出「本原行動」（Tathandlung），以主體的能動性做爲哲學的第一原理，發展了「能動性的主體哲學」。這個對費希特哲學的論述，表現在《道德自我之建立》第三部〈世界的肯定〉及其他相關論述中。在唐君毅的相關闡析中，費希特的這個發展，約可平行於陽明的獨闡「致良知」，陽明以「良知」爲知與行的合一的第一原理，用「心學」取代了朱子理學的「心統性情」的「性理」和「情」的二分。

最後，黑格爾論精神與客觀精神的進一步發展：費希特知識學做爲先驗哲學體系的突破在黑格爾的批判當中，仍然是一種「主體性的反思哲學」，未能把握到「精神做爲眞正合一的原理」以及「精神在世界當中的表現」。這個對黑格爾哲學的論述，表現在《道德自我之

❻ 唐君毅《中國哲學原論》原道篇卷三，臺北，學生書局，1980年臺三版，第471頁，「吾由宋明理學之問題的發展，可以斷定朱子之理先氣後之說，乃首于義務意識中得其證實」，此引文出於〈由朱子之理先氣後論當然之理與存在之理〉，此文1937年發表，屬本文所述唐君毅早年作品之一部。

建立》第四部〈精神之表現〉及其他相關論述中。在唐君毅的相關闡析中，黑格爾的這個發展，約可平行於劉蕺山的闡述以「獨特的氣論」說明「心者意之所存」，這個「獨特的氣論」在蕺山學中是指「心、氣、理三者是一」的氣論，蕺山學的「氣」起著和黑格爾哲學的「精神」一樣的作用，黑格爾哲學的「精神」一方面是根源性的能動性和合一原理，二方面它又不會落入主體性的反思哲學的危機，因為「精神」做為「客觀精神」也同樣表現於客觀世界。在蕺山學中，「盈天地間只此陰陽之理，皆我心之撰」，此一「理是心的創作」仍屬陽明心學的範疇；而且，氣的合秩序的狀態即是理，氣的合秩序的狀態表現於主觀的心（意者心之所存）也「精神」，前者使蕺山提出「心之性情」反對朱子的「心統性情」和陽明的「良知教」；後者（特殊的氣論表現於客觀世界）在蕺山的後學黃宗羲和王船山的思想中進一步發展為著重精神在歷史世界開展的人性史學❼。

---

❼ 此中唐君毅關於費希特的理解和黑格爾哲學的理解，最早的論述參見於唐君毅〈中西哲學中關於道德基礎論之一種變遷〉（寫於1936年）：「康德的整個的道德哲學系統與從前一切道德哲學的不同，就在專從應該的道德意識建立道德的基礎，……義務的意識，以前的道德哲學家，卻沒有研嚴肅的保握之。……不過，康德雖然認識道德經驗的核心之應該的意識，但是應該的意識還只是道德經驗的核心，應該做什麼才是更重要的問題。對於此問題康德只認識許多形式的道德律。形式的道德律本身始終只是些抽象律（Abstraction），始終是空洞的。所以，康德以後的哲學家便都想使康德所謂道德生活，由只有規範而無內容的化為有具體內容的道德生活。菲希特視國家的文化為精神之個體（Spiritual Individuality），以努力於國家的文化，做為康德所謂應該的內容。黑格爾則以客觀精神之實現，作為康德所謂應該之內容。……他們對於康德所假設的至福之觀念，則或以為在客觀精神之實現中可以達到，如黑格爾……」，參見《中西哲學思想之比較論文集》第187-189頁，相關論述亦見於寫於1950-1952年的〈西方近代理想主義之哲學精神手稿〉（收於《哲學論集》第601-752頁），如第656

第二節　論青年唐君毅哲學的思想形成

　　根據唐君毅在〈我對於哲學與宗教之抉擇〉和《生命存在與心靈

頁「原來具普遍性的理性自我超越意識是康德所已建立。由客觀精神，看出一統一的絕對精神之存在，是菲希特、席林所已發揮。然黑格爾之哲學，則是更注重普遍者之表現於特殊，一之表現於多的。此亦我們在上章所已論。所以呈現於個人之超越意識中之絕對精神，在黑格爾思想中，居於最高的地位。」，類似見解亦見於1954年1月發表的〈人類精神之行程－中西文化發展三階段之對比〉（《人文精神之重建》，唐君毅全集卷五），如第548頁「而黑格爾哲學，則融心靈理性于精神之概念，並重精神之客觀表現于歷史文化者，則正似王船山之融心與理于氣，而船山亦歸極於大論文化與歷史。王船山尊朱子而崇張橫渠，亦正如黑格爾之承康德之思想，而特有契於史賓若莎。黑氏嘗謂學哲學當先爲斯賓若莎之學生，斯與張正相類似者也。」，這個對康德、費希特、黑格爾的思想史的內在發展的見解一直到《生命存在與心靈境界》「後序　五、本書思想之緣起」都是保持一貫的。

關於此中的唐君毅對陽明學、蕺山學與船山學的理解見最早的論述參見於唐君毅〈論中西哲學之本體觀念之一種變遷〉（寫於1935年），如第161頁至165頁：「從陸象山到王陽明，我們可名之爲心即理派……在我們今天所討論的問題上，心即理派與性即理有更進一層的發展。……可見程朱學派雖認爲人爲學之始，心與理分，但最後的理想正在心與理合。……陸王正是從程朱所認爲最後的，而同時看出其「最先性」的（第161頁）」近來發覺明代理學從聶雙江、羅念庵到高攀龍、劉蕺山，實又開了一條新路子。這路子與程朱、陸王兩派均不同，同時可補兩派之失。……這一派的發生主要是對王陽明的不滿。因王陽明講心，雖一方注重其明覺的一面，一方面注重其好惡的一面，但好惡與明覺如何聯繫，陽明卻未說，所以很容易使人誤會陽明之所謂心全以明覺爲本……到了劉蕺山，便正式提出意作爲心之主宰，反對從前意爲心之所發之說，而主張意爲心之所存（第165頁）」，這個對朱子、陽明至於蕺山的思想的內在發展的了解一直貫穿於其〈晚明理學論稿〉和《中國哲學原論》原道篇三篇附錄和原教篇下卷。

境界》〈後序〉所做的自述，青年唐君毅的思想可分爲下列三期：⑴
21歲之前是實在論和機械論的時期，⑵21至26歲（1929年至1934年）是
新實在論時期，⑶唐君毅於27歲（1935年）至32歲（1940年），由唐先
生漸漸萌芽他的哲學突破到深化和成熟這個哲學突破，這時唐君毅是
以黑格爾哲學爲主的德國觀念論、英美義的新黑格爾學派與以儒家爲
主的東土先哲之教爲他反省的對象。寫作於1939和1940年的《道德自
我之建立》結合了他對德意志觀念論的消化❽和對宋明理學（以及先
秦儒家與佛學）的闡釋，完成了他的哲學突破，闡明了精神運動的三個
中西哲的共通的環節。

　　青年唐君毅的哲學突破可以1935年的玄武湖畔悟道和1939年的而
立之年思想體系之安立爲兩個分水嶺。我們必須將青年唐君毅的哲學
突破推前到1935年，這是他的哲學突破的「初萌期」，之後，他經歷
了一個經由東土的德性之學和德意志觀念論而有的思想的純化和組織
化的過程，因此，在1939年的而立之年達到了他自己的思想體系的安
立，完成了青年唐君毅的哲學突破。我的這個思想斷代和目前一般對
唐君毅早期思想發展的看法不大一樣，一般的理解（如李杜）是將唐
君毅早年的思想成形推遲到1942、1943年（唐先生33、34歲），亦即《道

---

❽　唐先生是先讀了柏拉得來（Bradley）的《現象與實在》（Appearance and
　　Reality）一書，並於1931年（23歲）寫作了〈柏拉得來與三論宗〉一文，隨
　　後才進一步讀了康德、黑格爾的著作，到了1935年（27歲）寫作〈論中西哲
　　學中本體觀念之一種變遷〉一文時，唐君毅論述的對象已包括Kant、Fichte、
　　Schelling、Hegel四位德意志觀念論的大師，以及Wallace、Mctaggart，Green，
　　Bradley，Bosanquet，Royce，Crece，Gentile等英美義的新黑格爾學派的代表
　　人物。

德自我之建立》的發表年代❾。我的這個新的理解可以更為恰當底解釋唐君毅早年哲學的思想基本模型的形成過程，及其基本內容之成形的原因。

　　將青年唐君毅的哲學突破推前到1935年，作為他的哲學突破的初萌，這可由下述的唐先生的生命轉折看出。1935年，27歲的唐先生經歷了南京玄武湖畔之領悟：「自謂於宇宙人生之根本真理，已洞見無遺」，所以寫作了《中西哲學思想之比較研究論集》的諸文，但也包含了一些用自然之天來把握天人合一的德性之天（仁體）以及用思辨形上學來比較黑格爾和莊子的形上學的夾雜。1939年，唐先生去重慶。由於對道德問題的困思勉行，寫作《道德自我之建立》諸文對「人生之精神活動，恆自向上超越」一義，及「道德生活純為自覺的依理而行」一義，有較真切的會悟。1939年「一月十七日我三十歲我自己認

❾　例如著名的唐君毅哲學的研究者李杜先生和唐端正先生即採取此種推遲，從而並未十分恰當的看出此中的重要區別。李杜在其著名的研究指出，「由上節對唐先生的思想的發展的說明，我們可以說他的思想可大分為兩階段：一為三十歲前後的階段，亦即他寫「中西哲學思想之比較研究集」的階段；一為三十四歲以後的階段，亦即他寫「道德自我之建立」以後的階段。此兩階段的思想的本質有本質的不同，因二者的本源所在或歸向所在不同。」（《唐君毅先生的哲學》，學生書局，1982年初版，第12）劉雨濤則提出了另一種見解，「出版於一九六八年二月的《中國哲學原論　原性篇》第46頁至47頁說：「比神明言此靈臺靈府之心……」……1938年，……這就證明《中國哲學原論》的論點，植根於唐先生在大陸上生活的時代……根據以上唐先生自己的話，完全證明唐先生早期哲學思想和晚期哲學思想，是一脈相承，前後一貫的。」（《唐君毅思想　國際會議論文集I》，1992年，法住，會議舉行於1988年），劉雨濤將唐君毅之定型思想推前於1938年，李杜則推遲至1943年，劉雨濤的舉證和我從文獻學的考察所得的結論是一致的。

爲我之哲學思想規模已立，我之人生觀大體已定……我現在已成立一
哲學系統可以由數理哲學通宗教哲學」❿。

　　如果把唐君毅哲學突破的初萌推前於1935年，那麼，我們必須回
答唐君毅在《中國文化之精神價值》所提出的自我批判。唐先生在《中
國文化之精神價值》的〈自序〉中曾如此說：「該書（《中西哲學思想
之比較研究集》）自表面觀之，內容亦甚豐富，而根本觀念與今之所陳，
亦似相差不遠。然實多似是而非之論。蓋文化之範圍至大，論文化之
最重要者，在所持以論文化之中心觀念。如中心觀念不清或錯誤，則
全盤皆錯」⓫。此所說的不清或錯誤的中心觀念，即了解「天」爲「自

---

❿　唐君毅，《致廷光書》，學生書局，第144頁，第十一封信。

⓫　唐君毅，《中國文化之精神價值》〈自序〉頁一。其相關的重要敘述如下，
　　由此我們可以看出唐君毅對其早年著作的評價，及此評價之理由：「此書之
　　作，動念於十年前，其初意乃爲個人補過。原余於十七年前，即曾作一長文，
　　名中國文化之根本精神論，發表於中央大學文藝叢刊。當時曾提出『天人合
　　一』與『分全不二』，爲解釋中國文化之根本觀念。繼後三、四年中，曾陸
　　續對中國之哲學、文學、藝術、宗教、道德皆有所論。後輯成中西哲學思想
　　之比較論文集，予正中書局出版。在此書印刷之際，正個人思想有一進境之
　　時，及該書印出，即深致不滿，並曾函正中書局，勿再版。然書局續有再版
　　印行，歲欲另寫一書，以贖愆尤。原該書自表面觀之，內容亦甚豐富，而根
　　本觀念與之所陳，亦似相差不遠。然實多似是而非之論。蓋文化之範圍至
　　大，論文化之最重要者，在所持以論文化之中心觀念。如中心觀念不清或錯
　　誤，則全盤皆錯。余在當時，雖已泛濫於中西哲學之著作，然於中西思想之
　　大本大源，未能清楚。當時余所謂天人合一之天，唯是指自然生命現象之全，
　　或一切變化流行之現象之全。余當時在西方哲學中，頗受柏格森、唐姆士，
　　及新實在論之多元思想之影響。對中國哲學思想，唯於心之虛靈不滯，周行
　　萬物一義，及自然宇宙之變化無方無往不復二義，有一深切之了解。此二義
　　亦保存於本書中。然當時對於西方理想主義或唯心論之形上學，無眞認識。

然生命現象之全，或一切流行變化之全」的觀念，與由此而說天人合一的觀念。唐先生又說，他在刊印上述一書時，思想已有新的發展，「在此書印刷之際，正個人思想有一進境之時」。此所說新的發展或「進境」即他對人的「道德自我」的「恆自超越一義」有新的了解。吾人必須了解的是，唐君毅於27歲（1935年）至32歲（1940年）的前期思想成形期，是經歷了一個「道德的理想主義」的純化和組織化的過程，而總結於其1939、1940年寫作的《道德自我之建立》。唐君毅固然自我批判了《中西哲學思想之比較研究集》爲「實多似是而非之論」，而批評了此書的「天爲自然生命現象之全，或一切流行變化之全的觀念，與由此而說天人合一的觀念」，但是從研究青年唐君毅的思想形成史看來，《中西哲學思想之比較研究集》一書仍有其不可取代的重要性，因爲，唐先生對於(1)宋明理學三系及其內在關聯的說法，(2)存在於康德、費希特和黑格爾的思想發展，對於這兩點的把握都已存在

對東方思想中佛家之唯識般若，及孟子、陸、王所謂天人合德之本心或良知，亦無所會悟。」、「故余於中國文化精神一文，開始即借用易經所謂『神無方而易無體』一語，以論中國先哲之宇宙觀爲無體觀。此文初出，師友皆相稱美，獨熊先生見之，函謂開始一點即錯了，……當時又讀柏拉圖之帕門尼德斯對話，及黑格爾邏輯……於是以爲可用『有無之理』之自己構造，爲形上學之第一原理……成數萬言（亦見該書），實則全爲戲論。唯繼後因個人生活之種種煩惱，而於人生道德問題有所用心。對『人生之精神活動，恆自向上超越』一義，及『道德生活純爲自覺的依理而行』一義，有較眞切的會悟，遂知人之有其內在而復超越的心之本體或道德自我，乃有人生之體驗（中華出版）、道德自我之建立（商務出版）二書之作。同時對熊先生之形上學，亦略相契會。……於中西理想主義以至超越實在論者之勝義，日益識其會通。乃知夫道，一而已矣，而不諱言宗教」。（《中國文化之精神價值》〈自序〉頁參、肆）。

於《中西哲學思想之比較研究集》一書當中，而這兩點正是唐君毅思想突破後的基本模型的根本要義。可見得若要恰當的理解唐君毅早期思想的思想形成史，那麼，區別《中西哲學思想之比較研究集》一書的受晚期唐君毅思想否定和繼承的部份，這是一個相當重要的課題。不僅《中西哲學思想之比較研究集》，唐先生的《中國哲學史稿》亦是如此，我們對於這裡所說的區別之揀擇將於另處詳論此中所涉及的文獻學考察。

對於唐君毅思想之斷代，本文採取下列的理解與較為精細的區分：

1.唐君毅早年思想的「前突破期」（1935年以前）：1935年27歲以前。此時的唐先生初則採取機械論的立場，繼而採用了自然主義和實在論的立場。

2.唐君毅的思想突破之育成期（1935-1940年）：1935-1940年的階段，亦即〈論中西哲學中之本體觀念之一種變遷〉之創作（1935年）到《道德自我之建立》之創作（1939-1940年）。這時期的唐君毅由玄武湖之悟而初萌其道德的理想主義開始，經歷了一個長達5、6年的道德的理想主義的純化和組織化的過程。

3.思想突破之後的唐君毅哲學（1940年以後）又姑且可分為前期和後期，以1949年唐君毅南遷至香港講學為其分界點：這個早期和晚期的區分並不是思想本質差異上的區分，而只是就其寫作的外部環境和論述方式而論。就其外部環境而言，唐先生被迫來港，時有流亡而為中國文化之存亡絕續作最後之奮鬥之思，所以他的立言多集中於中西人文主義與中國文化之精神價值之闡揚，就其論述方式而言，則其晚年定論的《中國哲學原論》與《生命存在與心靈境界》表現了博大而思精的組織性，而和早年人生之路之各部之創作之偏多文學之感興之

作有所不同，但是，前後兩期的思想一如唐先生所一再指明的「此吾之所見，三十年來固無大變也」⓬、「至於此後三十年中，……仍在原來之道上也」⓭。

底下論述唐君毅於27歲（1935年）至32歲（1940年）的前期思想成形期所經歷的「道德的理想主義」的純化和組織化的過程。簡言之：

⑴「道德的理想主義」的「純化的過程」：

唐先生自述「三十左右，便走到喜歡西方唯心論的路子上」。隨後，唐君毅在1935-1940年（27-32歲）經歷了一個「道德的理想主義」的「純化的過程」，他藉此擺脫了先前的「新實在論」的夾雜。此由1941年之前的他寫給廷光的情書中的延續數年之久的「精神危機」可看出他在此階段的精神的奮鬥。1940年10月1日寫給廷光的信中自謂1939年1月17日三十歲生日時「我之哲學思想規模已立，我之人生觀大體已定」⓮，唐先生此時已完成了《中西哲學思想之比較研究論集》除「自序」之外的諸文，一如他寫給謝廷光的此封書信中所曾指出的，他此時已有自己的思想體系；但又在精神上受到兩極之扯裂。這和他已大致上走到「德意志觀念論」和中國哲學心性論的傳統，但卻又未釐清他思想中的和精神中的「新實在論」殘餘、未能完成他自己的哲學突破的基本模型有關。最後，在寫完了《道德自我之建立》之諸文之後，唐先生在1941年做了一個「奇夢」，夢見智慧老人帶他曠遊精

⓬ 參見唐君毅《中國哲學原論》之最後一部的「原教篇」的自序，第五頁。

⓭ 參見唐君毅《生命存在與心靈境界》（唐君毅全集卷23）「後序」「五、本書思想之緣起」，唐先生此自述見於此書第479頁。

⓮ 根據唐君毅《致廷光書》，第144頁，第十一封信，唐君毅達到這個「哲學思想規模已立」的思想突破該在1939年1月17日以前。唐端正之〈年譜〉未於1939年標出此一思想突破。

神世界，這標示了他對自己的「精神危機」之問題的徹底解決，這個解決已深化到他的潛意識的深處，唐端正在「唐君毅先生年譜」中稱此一奇夢爲「火鳳凰從火中重生」、「這在先生一生之行程中，是很值得注意的」❶。

　　⑵「道德的理想主義」的組織化的過程

　　承上引文，唐先生自述「這眞是始料所不及。由此再來看中國先秦儒家宋明理學佛學，才知先秦儒家宋明理學佛學又有超過西方唯心論之所在」❶。據此，唐君毅於思索如何解決精神危機的同時，他也走回了中國哲學的心性論的傳統，他並深思於如何用他對宋明儒心性論的體會和理解，來重新組織德意志觀念論的倫理學和道德形上學，並給于轉化。結果他發現：德意志觀念論的三個環節──康德的自律（Kant： Autonomie）、費希特的本原行動（唐譯爲純行）（Fichte： Tathandlung des Ich）和黑格爾所論的精神（Hegel： Geist）──形成一有機發展的三個環節，並且，唐先生認爲，儒家心性論可以亦適當底闡明了這三個環節，尤其是此中第二、三環節中的「心之本體」與「精神」，唐先生對此東西方不同的兩條思想線索重組的結果就是其《道德自我之建立》的三部曲。

　　上文所定之青年唐君毅哲學的基本模型所根據的文獻是根據《道德自我之建立》，以及收於《中西哲學思想之比較研究論集》的〈論中西哲學中本體觀念之一種變遷〉（寫於1935年）、〈中西哲學中關於道德基礎論的一種變遷〉（寫於1936年），以及寫於1943-1946年的《中

---

❶　參見唐端正編定的〈年譜〉第51頁。

❶　參見〈我對於哲學與宗教之抉擇〉，收於《人文精神之重建》，學生書局，此處引文參見第565頁。

國哲學史稿》，寫於1950-1952年的〈西方近代理想主義之哲學精神〉手稿，我們必須對為何做此一抉擇，做一說明。如前所述，《道德自我之建立》為青年唐君毅的哲學突破的代表作，由於除了在《道德自我之建立》的前言與導論曾對它的思想來源和思想結構加以說明之外，在它的行文中，並未再做說明，所以我們有必要援用此處所說的其他原典對此點再說明。

我們必須對這裡所牽涉到的兩個詮釋上的問題加以說明：(1)引用《中西哲學思想之比較研究論集》以說明青年唐君毅的哲學突破是否恰當？(2)《中國哲學史稿》和〈西方近代理想主義之哲學精神〉手稿的文獻學上的問題？

首先，唐君毅的早期作品《中西哲學思想之比較研究論集》於出版後曾自己要求停止再版，唐君毅後來在《中國文化之精神價值》自序曾說早期作品《中西哲學思想之比較研究論集》為「實多似是而非之論」、「然當時對於西方理想主義或唯心論之形上學，無真認識。對東方思想中佛家之唯識般若，及孟子、陸、王所謂天人合德之本心或良知，亦無所會悟。」[17]但是，另一方面，我們若以《道德自我之建立》、〈西方近代理想主義之哲學精神手稿〉、《中國哲學史史稿》[18]為判準來重新估量《中西哲學思想之比較研究論集》的文獻史的價值，以及我們細細玩味《中國文化之精神價值》自序前三頁的自我批評。關於《中西哲學思想之比較研究論集》在唐君毅思想形成史

---

[17]　唐君毅，《中國文化之精神價值》自序。

[18]　唐君毅，《中國哲學史史稿》是了解唐君毅早年對中國哲學史的了解的重要文獻，關於此一手稿所包含的內容、現存那些部份及其在唐君毅思想形成史上的重要性，學者至今未有恰當的討論，本文論述此一文獻學的研究於第二節。

的意義，我們可以推斷：

(1)唐君毅在《中國文化之精神價值》自序所否定的文章主要是〈中國文化根本精神之一種解釋〉及〈莊子的變化形上學與黑格爾的變化形上學之比較〉這兩篇。

(2)唐先生自述「全書自文化觀點論哲學，……全書均以天人合一之中心觀念以較論中西思想之不同」❶，「天人合一」一義為《中西哲學思想之比較研究論集》的核心概念，而以此中之「天」又被唐先生理解為「當時余所謂天人合一之天，唯是指自然生命現象之全，或一切變化流行之現象之全」，唐君毅在《中國文化之精神價值》自序破斥了這種對「天」的把握方式。

(3)另一方面，明顯地，青年唐君毅哲學突破的基本模型，他對德意志理想主義的三個環節和宋明理學的三個環節的把握，又已經以不同的方式出現於《中西哲學思想之比較研究論集》的某些文章當中。

因此，關於如何面對唐君毅早期之《中西哲學思想之比較研究論集》在文獻史上的重要性❷，我以為，《東西哲學思想之比較研究論

---

❶ 唐君毅，《中西哲學思想之比較研究論集》第三頁。

❷ 唐君毅，《中西哲學思想之比較研究論集》的寫作和發表的日期則下（所列第一個數字為寫作日期，第二個數字為發表日期）：1941自序，1934、1935導言，1935、1936論中西哲學問題之不同，1937、1937中國哲學中自然宇宙觀之特質，1937、1940如何了解中國哲學上天人合一之根本觀念，1935、1936論中西哲學中本體觀念之一種變遷，1936、1939中西哲學中關於道德基礎論的一種變遷，1935中國藝術之特質，1943中國哲學與中國文學之關係，1936中國宗教之特質，1936、1936莊子的變化形上學與黑格爾的變化形上學之比較，1937、1938中國哲學中天人關係論之演變，1936老莊易傳中庸形上學之論理結構，1940略論作中國哲學史應持之態度及其分期。

集》包含了許多後來被唐先生加以否定的內容，但它提供了唐君毅哲學母型在形成時的某些基本線索，《東西哲學思想之比較研究論集》一書對於唐君毅思想的形成之研究有重大意義，因爲，《東西哲學思想之比較研究論集》以「某種方式」提供了對唐君毅哲學母型之理解，雖然他在許多哲學論述上尙不成熟、甚至包含著許多錯誤，夾雜著許多唐先生自己不滿意的「新實在論」的夾雜。再者，由於唐先生的哲學突破之後的第一次的哲學作品《道德自我之建立》和《人生的體驗》都是一種文學性的作品，而非出之以哲學論文的形式，並未交代它的思想來源和反省批評的對象，因此難以僅從《道德自我之建立》和《人生的體驗》來釐出青年唐君毅的哲學突破的基本原型，在這個意義下，表現了唐君毅的哲學突破之前的思想探索的出之以哲學論文型式的《東西哲學思想之比較研究論集》就顯得特別重要。因此，我們必需先對唐君毅晚年的斷語先做一番澄清，我們若要研究青年唐君毅的哲學突破，釐清《東西哲學思想之比較研究論集》的「新實在論」的夾雜和其他的不成熟之論則可，因爲這部份已被唐君毅後來的成熟期的思想所拋棄。但是，如果我們因此而拋棄了《東西哲學思想之比較研究論集》的重要思想意義，則不可，因爲它犯了一個研究方法上的絕大的失誤。李杜先生的唐君毅哲學研究似未正視這裡所包含的差別。

第三節　比較哲學的一個突破：青年唐君毅的思想突破中的對宋明新儒學三系的新詮和對於康德、費希特到黑格爾的思想發展的詮釋

1.問題之綱要：唐君毅關於德意志觀念論與新儒家哲學的比較研究

唐君毅將宋明新儒學的三系區分為朱子與朱子之前、陸王及其後學、蕺山學，這個區分蘊含了唐先生的哲學基本洞見與宋明新儒學的哲學詮釋。這個基本洞見如本文所闡釋的，是指掌握到了新儒學的三系和康德、費希特、青年黑格爾哲學的內在發展的三個共通的思想環節，《中國哲學史原論　原教篇》第二十四章〈王船山之人文化成論（下）〉指出了這個共通的思想環節：

> 西洋哲學之主要概念有三，曰理性，曰意識，曰存在。……
> 中國哲學之主要概念亦有三，曰理，曰心，曰氣。……由康
> 氏（康德）至黑氏（黑格爾），則康氏猶偏重於尊理性，菲希特
> 則偏於言超越意識之心，黑格爾則特重理性之經意識而表現
> 爲客觀精神與歷史文化矣。……而以宋明理學之發展言之，
> 則宋學之成于朱子，重張儒學之軌範，主以理爲生氣，重理
> 者也。陽明良知之教，重心者也。……故船山之能通過理與
> 心以言氣，即船山之所以眞能重氣，而能善引申發揮氣之觀
> 念之各方面涵義，以説明歷史文化之形成者也。……以此觀
> 黑氏與船山之言氣言存在，必重精神之存在，文化之存在，
> 言歷史能扣緊民族精神之發展而言。㉑

㉑ 唐君毅《中國哲學史原論·原教篇》第二十四章〈王船山之人文化成論（下）〉之「後論」，此處引文參見第664-666頁。

《中國哲學史原論　原教篇》為《中國哲學史原論》之最後出版之一部，為唐先生晚年中國哲學定論之《中國哲學史原論》的殿軍之作，可見上述的區分蘊含了於唐先生的早年的哲學基本洞見與宋明新儒學的哲學詮釋貫穿於唐君毅的前後期哲學。這個早年的哲學洞見是貫穿於唐君毅的不同文獻，我曾在另文中闡釋其文獻史的相關問題。❷❷

唐君毅之宋明理學史之新理解有如下三點要義，不僅重新從哲學問題的深層重新掌握了宋明理學的思想內在脈動，掌握了唐君毅所說的他自己思想的「根本精神」，從而也得以藉此重新把握康德、費希特和黑格爾的三位思想家之間的思想發展：

(1)闡釋朱子與朱子之前、陸王及其後學、蕺山學之宋明理學三系之發展

(2)特予詮釋蕺山學。

(3)以應然、意識、存有三個面向詮釋宋明理學三系之根本特徵，並以之相通於康德、費希特和黑格爾之德國理想主義之發展過程。

本文底下在略論前兩點之後❷❸，即對第三點就比較哲學的層面加以論述。

2.唐君毅闡釋宋明理學三系（朱子與朱子之前、陸王及其後學、蕺山學）之發展及特予詮釋蕺山學

---

❷❷　參見賴賢宗〈唐君毅對宋明理學三系的內在發展的新解〉及〈唐君毅的中國哲學史稿之文獻學的考察〉，收於本書。

❷❸　較詳細的討論參見賴賢宗〈唐君毅對宋明理學三系的內在發展的新解〉及〈唐君毅的中國哲學史稿之文獻學的考察〉，收於本書。

關於此中的唐君毅對於宋明理學三系（朱子與朱子之前、陸王及其後學、蕺山學）之發展最早的論述參見於唐君毅寫於1935年的〈論中西哲學之本體觀念之一種變遷〉，在此，唐君毅論列了宋明理學關於本體（道德本體）思想的三派：⑴第一派是由周濂溪、程明道、程伊川、張橫渠至朱熹。這一派可稱爲性即理派。⑵第二派爲從陸象山到王陽明的心即理派。心即理派與性即理有更進一層的發展，因爲程朱學派雖認爲人爲學之始，心與理分，但最後的理想正在心與理合，陸王正是從程朱所認爲最後的心與理的合一性而同時看出其「最先性」的。⑶繼而，唐君毅指出了他關於宋明理學第三系的發現的理論脈絡，唐君毅說：「近來發覺明代理學從聶雙江、羅念庵到高攀龍、劉蕺山實又開了一條新路子。這路子與程朱、陸王兩派均不同，同時可補兩派之失。……這一派的發生主要是對王陽明的不滿。因王陽明講心，雖一方注重其明覺的一面，一方面注重其好惡的一面，但好惡與明覺如何聯繫，陽明卻未說，所以很容易使人誤會陽明之所謂心全以明覺爲本。……到了劉蕺山，便正式提出意作爲心之主宰，反對從前意爲心之所發之說，而主張意爲心之所存。……所以我們可以說過去的中國哲學家，可以劉蕺山爲最後的大師。」。唐君毅的這個對朱子、陽明至於蕺山的思想的內在發展的了解以及突出蕺山學的特義一直貫穿於唐君毅的〈晚明理學論稿〉和《中國哲學原論》原道篇三篇附錄和原教篇下卷。

在這三個宋明儒學的方向當中，唐君毅以蕺山爲宋明理學之殿軍，突出了蕺山學和朱子學、陽明學鼎立爲三的重要性，「完成朱子與象山陽明同有之以『存養立本』之教，此即蕺山之言之所以最爲夐

絕也」❷，朱子重理，陽明闡明「人原有與此理不二之本心良知」，「而再視孔子所謂憤悱、孟子所謂惻隱、中庸所謂肫肫之仁，同爲心體上所自具之天情；此則循蕺山之言以進，以還契于孔孟重性情之教矣」❷。唐君毅寫於1935年的〈論中西哲學之本體觀念之一種變遷〉已經突出與朱子學和陽明學鼎立爲三的蕺山學，指明了蕺山學之要義在「意者心之所存」一義。寫於1945年的〈晚明理學論稿〉❷特闢一節爲「略述劉蕺山誠意之學」，也論述了蕺山學的淵源及足以和朱子學、陽明學鼎立爲三的理由。

　　依唐君毅的闡釋，蕺山學的淵源及足以和朱子學、陽明學鼎立爲三的理由在於：一方面，蕺山學承陽明學之不足而轉出，陽明未明揭明覺與好惡之聯繫，未說明絕對的自由意念一義及其與相對性的意念之區別，陽明只以知善知惡之相對性的意念說中庸誠意之「意」而對心體明覺又只指點「無善無惡」，未能明示心體明覺之同時爲認之原理和行動原理之理論根據。蕺山既深化了王一庵的「意者心之所存」一命題，從而重新構造了他自己的有別於陽明的誠意說；便依此進而提出了他自己所獨創的「心之性情」與「心氣理融貫爲一之說」。二方面，蕺山學對於朱子學亦進行批判，蕺山相對於朱子的「心統性情」而提出「心之性情」。唐先生於〈晚明理學論稿〉指出「至念臺則既

---

❷　唐君毅，《中國哲學原論　原教篇》第十九章〈綜述宋明理學中心性論之發展〉，此處之討論參見第504-505頁。

❷　唐君毅，《中國哲學原論　原教篇》第十九章〈綜述宋明理學中心性論之發展〉，此處之討論參見第508-509頁。

❷　唐君毅，〈晚明理學論稿〉收於唐君毅《哲學論集》第256-310頁。「略述劉蕺山誠意之學」一節，此處的討論見第286-310頁。

張明理即氣之條理，氣乃依中和之理爲樞機而運轉之義，故理氣不可分。復言理尊於氣之義，蓋理爲氣之主宰也。是可謂能兼重理之超越於氣之義與內在於氣之義者。念臺之學，仍是以心爲中心觀念。其言理氣，依然只是言心外無性而附及。與宋儒之多就宇宙論觀點，以言理氣者不同。」❷，唐先生於此雖提及了「即心」與「離心」、理氣之「仍是以心爲中心觀念」，但對於蕺山自己所獨創的「心之性情」與「心氣理融貫爲一之說」則論述不明，這有待於唐先生於改寫稿〈劉蕺山之誠意靜存以立人極之道〉予以進一步的辯明❷。就蕺山學之五大部份(1)誠意說(2)愼獨教(3)意者心之所存(4)心之性情(5)心氣理融貫爲一之說而言；唐先生早期特別闡釋了蕺山學做爲與朱子學陽明學鼎足爲三的理論根據，在寫於1935年的〈論中西哲學之本體觀念之一種變遷〉和寫於1945年的〈晚明理學論稿〉中，唐先生辨明了前三部份（即(1)誠意説,(2)愼獨教,(3)意者心之所存），而對於後兩部份（即(4)心之性情,(5)心氣理融貫爲一之説）的進一步闡明，則有待於他的〈晚明理學論稿〉之改寫稿（〈劉蕺山之誠意靜存以立人極之道〉）予以進一步的闡釋。

3.以應然、意識、存有三個面向詮釋宋明理學三系之根本特徵，並以之相通於康德、費希特和黑格爾之德國理想主義之發展過程

　　唐君毅在《中國文化之精神價值》〈自序〉當中敍述了他由對德

---

❷　〈晚明理學論稿〉，此處的討論見《哲學論集》第309頁。

❷　參閱〈劉蕺山之誠意靜存以立人極之道〉「四、心之性情與理氣」。

國理想主義哲學從思辨形上學的把握昇進到由道德的理想主義加以把握的思想演變過程。㉙唐先生之天性擅長於玄想，所以他很早就從思辨形上學的側面把握了黑格爾哲學，1936年（27歲）就完成了《中國文化之精神價值》〈自序〉所提到的〈莊子的變化形上學與黑格爾哲學的變化形上學之比較〉，但由於「繼後因個人生活之種種煩惱，而於人生道德問題有所用心。對「人生之精神活動，恆自向上超越」一義，及「道德生活純爲自覺的依理而行」一義，有較真切的會悟」，才繼而由主觀觀念論及由主觀觀念到絕對觀念論的哲學轉折重新理解了從康德到費希特、黑格爾的哲學發展，由此把握了從康德的自律倫理學到費希特提出「本原行動」作爲第一原理以克服康德哲學中的主體分裂的問題、再到黑格爾題提出精神作爲辯證性與歷史性的原理以克服康德和費希特的主體主義的反思哲學的三環節的思想運動，而唐君毅的這個把握，實由於對「人生之精神活動，恆自向上超越」一義及「道德生活純爲自覺的依理而行」一義，有較真切之領悟，而此一領悟，又是來自以先秦儒家與宋明儒爲主的東土哲學的影響，亦即，

㉙ 唐君毅，《中國文化之精神價值》，〈自序〉，唐君毅說：「故余於中國文化精神一文，開始即借用易經所謂『神無方而易無體』一語，以論中國先哲之宇宙觀爲無體觀。此文初出，師友皆相稱美，獨熊先生見之，函謂開始一點即錯了，……當時又讀柏拉圖之帕門尼德斯對話，及黑格爾邏輯……於是以爲可用『有無之理』之自己構造，爲形上學之第一原理……成數萬言（亦見該書），實則全爲戲論。唯繼後因個人生活之種種煩惱，而於人生道德問題有所用心。對『人生之精神活動，恆自向上超越』一義，及『道德生活純爲自覺的依理而行』一義，有較真切的會悟，遂知人之有其內在而復超越的心之本體或道德自我，乃有人生之體驗（中華出版）、道德自我之建立（商務出版）二書之作。同時對熊先生之形上學，亦略相契會。……於中西理想主義以至超越實在論者之勝義，日益識其會通。乃知夫道，一而已矣，而不諱言宗教」。

唐君毅是透過他對儒學對道德意識的洞見之於自家生命的體驗，獲得了對德意志觀念論的重新把握的鎖鑰，所以唐君毅由此而重新予以詮釋的新儒學哲學和德意志觀念論又可名爲「道德的理想主義」。

所以，前述的唐君毅對宋明儒學的三個環節的內在發展，尤其是蕺山學的「意者心之所存」一義的把握，在唐君毅由對德國哲學的思辨形上學的把握到道德理想主義式的把握的進程上，起了一個樞鈕的關鍵地位。儒學是唐君毅的家學，他又十五而志於此學，素具對儒家心性之學的親切感，所以他在寫於1935年的〈論中西哲學之本體觀念之一種變遷〉便能掌握到上述的宋明儒學的三個環節的內在發展的新解，並標舉蕺山學的特殊性，這是十分自然之事。在1935年以後的四年之中，唐君毅對蕺山學的「意者心之所存」一義在自家生命中的體會日益深刻，「意者心之所存」一方面標舉了道德的純粹意志（意即心），而深化了陽明學中關於明覺與意念的關係的討論，即本心之意（自由的絕對意念）解決了相對性意念和絕對意志的二分的問題，此在哲學問題上一如費希特之提出本原行動以解決主體二分的問題；二方面「意者心之所存」又闡釋了心之意志的共同於宇宙之氣的生發性結構，發揚了心、理、氣三者合一的特殊存有學，此類似於法蘭克福時期的青年黑格爾的存有學轉向克服了康德和費希特的主體主義的反思哲學（Reflexionsphilosophie der Subjektivismus），唐君毅在此體認了「人生之精神活動，恆自向上超越」。他並一如青年黑格爾經此反思而由前法蘭克福時期之主觀觀念論時期轉向於耶拿時期之精神哲學的創造，闡揚「精神必然表現於人文化成的世界」一義，而以之爲德意志觀念論的最後歸趣，此一義在唐君毅哲學中則以船山心性論與氣論在人文化成的人性史學中的合一爲爲唐君毅的道德的理想主義爲

歸宿。

　　以上所述的唐君毅關於費希特的理解和黑格爾哲學的理解及其道德理想主義的新詮，最早的論述參見於唐君毅寫於1936年的〈中西哲學中關於道德基礎論之一種變遷〉，唐先生指出：

> 康德的整個的道德哲學系統與從前一切道德哲學的不同，就在專從應該的道德意識建立道德的基礎，所以無待於外面的任何條件。……無上命令所規定的律則，是純由我們自己的理性規定的，……因為道德律乃是我們理性所定下；我們自己能定下此道德律，我們能對我自己下命令使我們覺到我們應當服從此道德律；此即表示我們自己有服從此道德律的自由（第187）」、「然而道德經驗之核心之應該的意識，義務的意識，以前的道德哲學家，卻沒有研嚴肅的保握之。在康德以前始終不曾有在我們生命自身的道德經驗上建立道德基礎的道德哲學，我們不能不把康德視為西洋道德哲學史上劃時代的道德哲學家。不過，康德雖然認識道德經驗的核心之應該的意識，但是應該的意識還只是道德經驗的核心，應該做什麼才是更重要的問題。對於此問題康德只認識許多形式的道德律。形式的道德律本身始終只是些抽象律（Abstraction），始終是空洞的。所以，康德以後的哲學家便都想使康德所謂道德生活，由只有規範而無內容化為有具體內容的道德生活。菲希特視國家的文化為精神之個體（Spiritual Individuality），以努力於國家的文化，做為康德所謂應該的內容。黑格爾則以客觀精神之實現，作為康德所謂應該之內容。……他們對

於康德所假設的至福之觀念，則或以爲在客觀精神之實現中可以達到，如黑格爾❸⓪。

相關論述亦見於寫於1950-1952年的〈西方近代理想主義之哲學精神手稿〉❸①，唐先生在此一手稿對於康德、費希特和黑格爾三個思想環節的內在發展論之甚詳，應該是唐君毅著作中論之最詳細的一次，因此，我們較大篇幅底引述和論列於後。

唐君毅首先指出在康德的自律倫理學是以道德法則（理）自律自身，「我們是先認定一「道德理想之實現」本身有價值，一「道德規律之遵守」本身有價值，我們此時是以「理」自律自己，建立我們之道德意志，而產生道德行爲」（第613頁）（第604-616頁，第一章、康德哲學精神），康德的自律倫理學屬於《道德自我之建立》的第一個環節「道德之實踐」。

繼而唐君毅指出費希特（菲希特）以其知識學的先驗哲學體系進一步探討了並解決了康德自律概念中所隱含的問題，以行的自我統知的自我，克服了康德的二元論，解決了主體分裂的困難，「菲希特之哲學的根本精神，是在直承康德之實踐理性批判之精神，而以行的自我統知的自我。依菲希特說，人之精神自我之根本，即是一純行。而菲希特本人亦是一行動的哲學家」。費希特所說的從我到非我再到其統一的發展，表現了一個道德自我在世界的實踐過程，亦即，表現了《道德自我之建立》中所說的作爲第二個環節的「世界之肯定」，「菲希特所謂『我』直接之實指處只是我們之實踐的道德意志。而所謂非

---

❸⓪　參見《中西哲學思想之比較論文集》第187-189頁。

❸①　〈西方近代理想主義之哲學精神手稿〉，收於《哲學論集》第601-752頁。

我，即包括：爲我們道德意志之阻礙的一切。……一切人類所遇之現實之阻礙，皆只爲人類之道德意志或人類之理性自我，人類之合理的理想實現其自身之材料，而隸屬於人類之精神。同時亦隸屬於一宇宙之精神或宇宙之大我。因而此一切阻礙，又皆只爲此宇宙精神或大我之『非我化』、『外在化』之所成」❸❷。

唐君毅由此更進一步論述了黑格爾的辯證法和精神哲學，費希特論本原行動在非我世界當中的實踐，已能由客觀精神把握絕對精神，克服康德的二元論，唐君毅說：

> 黑格耳之哲學與菲希特之不同，在由菲希特只由康德的道德的實踐意志，而達到一眞正之社會的客觀精神，由此以接觸絕對精神，而轉化康德之一切二元論，如理性自我與經驗自我，現象與本體，精神與自然，自我與神等二元觀而作一元觀」❸❸。

但是費希特並不能眞正把握到絕對精神之表現，不能把握到精神在轉化與關係中的具體普遍性，亦即，未能把握到《道德的自我之建立》中的「精神之表現」此一第三個環節，唐君毅又說：

> 「然而菲希特尚未眞了解絕對精神之如何表現，于人之純粹的

---

❸❷ 〈西方近代理想主義之哲學精神手稿〉，此處的討論見第618-619頁。此爲其第二章〈菲希特之理想主義哲學〉（第617-631頁），分爲下列各節：一、如何了解菲希特之思想，二、菲希特融合康德思想中之「對待者」之思路，三、客觀精神之存在，四、自然界與我之統一。

❸❸ 〈西方近代理想主義之哲學精神手稿〉，第635頁。

精神文化，如宗教、藝術、科學、哲學，亦不能真了解客觀精
神，之必具體的表現於一有憲法之國家，更不能真了解「精神」
之客觀化於自然與人類社會，乃在一歷史之一定歷程中客觀化。
簡單說，菲希特之缺點在未能依理性以考察此絕對的「一」的
精神之昭露其自己之各種不同之特殊型態，與其如何相關聯而
相轉化；在關聯與相轉化中表現此「一」元的普遍的精神自己。
這卻是黑格爾哲學最大的功力之所注❸

唐君毅接著指出康德、費希特和黑格爾三者之間的思想運動：

原來具普遍性的理性自我超越意識是康德所已建立。由客觀
精神，看出一統一的絕對精神之存在，是菲希特、席林所已
發揮。然黑格爾之哲學，則是更注重普遍者之表現於特殊，
一之表現於多的。此亦我們在上章所已論。所以呈現於個人
之超越意識中之絕對精神，在黑格爾思想中，居於最高的地
位。❺

　類似見解亦見於1954年1月發表的〈人類精神之行程－中西文化
發展三階段之對比〉，唐君毅在這裡比較了東西人文主義的思想基礎，
唐君毅指出：「至於朱子之承程門之言心性，以融合於周濂溪張橫渠
之太極陰陽之天道論；則正大類似於康德之本大陸理性主義之傳，……
尤重道德理性。以為唯由道德理性，可建立形上學之信仰。此則西方

---

❸ 〈西方近代理想主義之哲學精神手稿〉，第635-636頁。

❺ 〈西方近代理想主義之哲學精神手稿〉，此處的論述見於第656頁。

思想之發展之轉近乎東方中國者。」❸

　　唐先生又說：

> 至費希特、席林、詩來馬哈等，或重道德意志，或重審美經
> 驗，或重宗教上皈依情，然皆意在融理歸心，明天心與人心
> 之合一，神與我之不二，于有限中見無限，於個體中見全體。
> 此正頗可與楊慈湖之論「天者吾性中之象，地者吾性中之形」，
> 陳白沙之言「才一覺便我大而物小，物有盡而我無窮」及陽
> 明龍溪近溪等，良知即天心天理，即造化精靈，即乾知坤能
> 之言，相類似。……而黑格爾哲學，則融心靈理性于精神之
> 概念，並重精神之客觀表現于歷史文化者，則正似王船山之
> 融心與理于氣，而船山亦歸極於大論文化與歷史。王船山尊
> 朱子而崇張橫渠，亦正如黑格爾之承康德之思想，而特有契
> 於史賓若莎。黑氏嘗謂學哲學當先爲斯賓若莎之學生，斯與
> 張正相類似者也。王黑二人之思想內容與淵源，多若合符節。
> 其歷史地位，則一爲西方近代理性主義理想主義之最大宗師，
> 一爲承宋明之理學之問題而別開生面者，以通經史之學的最
> 大宗師。❸

---

❸〈人類精神之行程——中西學術文化發展三階段之對比〉，收於《人文精神
之重建》，唐君毅全集、卷五，1988，522-561，發表於1954年1月《民主評
論》第五卷第一、二期，此處的討論見《人文精神之重建》第564頁。

❸《人文精神之重建》，唐君毅全集卷五，此處的論述參見第547-548頁。《唐
君毅日記》第66頁，1950年7月30日記，「此二日論黑格爾哲學頗自得，但
亦大費精神。此文可以涵蓋黑格爾而超化之以入於儒家學說矣」，唐君毅此
中所說或許是指目前所引述的論文。

「融心與理于氣」大成於蕺山學，稟此而闡論文化與歷史，闡論「性日昇而命日降」的文化史學則爲船山的偉大貢獻，唐君毅在此指出了船山學和黑格爾哲學的「則融心靈理性于精神之概念，並重精神之客觀表現于歷史文化者」的一致性，表現了東西理想主義哲學的共同歸趣。

在上述的思想形成及表述的過程當中，唐君毅掌握到了新儒學的三系和康德、費希特、青年黑格爾哲學的內在發展的三個共通的思想環節，並依此而論述了東西方人文主義的基礎之比較，寫於1945年左右的〈王船山之人文化成論〉總結了這個共通的思想環節，唐君毅指出，西洋哲學之主要概念有三：(1)理性，(2)意識，(3)存在，而中國哲學之主要概念亦有三，(1)理，(2)心，(3)氣。此三者形成了一個發展的運動，首先表現在宋明理學中，「理之所尚，心之所往；心之所覺，氣之所作。三者固不可分。然理必昭於心之前，氣必繼於此心之後，則人固皆可反省而知之者也。夫然，故哲學必先論宇宙人性之理，而繼以求人生之覺悟，而終於論人文之化成。」，類似的發展運動存在於康德、費希特和黑格爾的哲學發展中，「康德、費希特、黑格爾承理性主義之潮流，以心統理，更言客觀之心，客觀之理。由康氏至黑氏，則康氏猶偏重於尊理性，菲希特則偏於言超越意識之心，黑格爾則特重理性之經意識而表現爲客觀精神與歷史文化矣。」類似的的發展運動存在於宋明儒學三系的內在發展中，就此一德意志觀念論與新儒家至哲學的比較，唐君毅指出：

> 而以宋明理學之發展言之，則宋學之成于朱子，重張儒學之軌範，主以理爲生氣，重理者也。陽明良知之教，重心者也。

王學皆不喜理氣爲二之說，故於氣之重要性，亦不忽略，蓋心亦通理而亦通氣者也。……惟船山生於宋明理學極盛之時期之後，承數百年理學中之問題，入乎其中，出乎其外，于橫渠之重氣，獨有會於心。知實現此理此心于行事，以成人文之大盛者，必重此浩然之氣之塞乎兩間，而兩間之氣，亦即皆所以實現此理者。則人道固貴，而天地亦尊；德義固貴，功利亦尊；心性固貴，才性亦尊。由是而宗教、禮、樂、政治、經濟之人文化成之歷史，並爲其所重。而人類之文化歷史者，亦即此心此理之實現，而昭著於天地之間，而天地之氣之自示其天地之理、天地之心者也。故船山之能通過理與心以言氣，即船山之所以眞能重氣，而能善引申發揮氣之觀念之各方面涵義，以說明歷史文化之形成者也。此東西哲學的發展包含了一個平行的關係，此觀黑氏與船山之言氣言存在，必重精神之存在，文化之存在，言歷史能扣緊民族精神之發展而言，以昭蘇國魂爲己任，則黑氏船山，夐乎尚已❸。

這個對康德、費希特、黑格爾的思想史的內在發展的見解一直到《生命存在與心靈境界》「後序　五、本書思想之緣起」都是保持一貫的，表現了唐君毅歷三十餘年而不變的定見。

在上述的思想形成及表述的過程當中，唐君毅掌握到了新儒學的三系和康德、費希特、青年黑格爾哲學的內在發展的三個共通的思想環節，並依此而論述了東西方人文主義的基礎之比較，寫於1945年左

---

❸　參見編入於《中國哲學原論　原教篇》而爲其第二十四章〈王船山之人文成論（下）〉，此稿寫於1945年左右，此處引文參見第664-666頁。

右的〈王船山之人文化成論〉總結了這個共通的思想環節：

> 西洋哲學之主要概念有三，曰理性，曰意識，曰存在。……
> 中國哲學之主要概念亦有三，曰理，曰心，曰氣。……理之
> 所尚，心之所往；心之所覺，氣之所作。三者固不可分。然
> 理必昭於心之前，氣必繼於此心之後，則人固皆可反省而知
> 之者也。夫然，故哲學必先論宇宙人性之理，而繼以求人生
> 之覺悟，而終於論人文之化成。……康德、菲希特、黑格爾
> 承理性主義之潮流，以心統理，更言客觀之心，客觀之理。
> 由康氏至黑氏，則康氏猶偏重於尊理性，菲希特則偏於言超
> 越意識之心，黑格爾則特重理性之經意識而表現為客觀精神
> 與歷史文化矣。……而以宋明理學之發展言之，則宋學之成
> 于朱子，重張儒學之軌範，主以理為生氣，重理者也。陽明
> 良知之教，重心者也。王學皆不喜理氣為二之說，故於氣之
> 重要性，亦不忽略，蓋心亦通理而亦通氣者也。……惟船山
> 生於宋明理學極盛之時期之後，承數百年理學中之問題，入
> 乎其中，出乎其外，于橫渠之重氣，獨有會於心。知實現此
> 理此心于行事，以成人文之大盛者，必重此浩然之氣之塞乎
> 兩間，而兩間之氣，亦即皆所以實現此理者。則人道固貴，
> 而天地亦尊；德義固貴，功利亦尊；心性固貴，才性亦尊。
> 由是而宗教、禮、樂、政治、經濟之人文化成之歷史，並為
> 其所重。而人類之文化歷史者，亦即此心此理之實現，而昭
> 著於天地之間，而天地之氣之自示其天地之理、天地之心者
> 也。故船山之能通過理與心以言氣，即船山之所以真能重氣，

而能善引申發揮氣之觀念之各方面涵義，以說明歷史文化之
形成者也。……以此觀黑氏與船山之言氣言存在，必重精神
之存在，文化之存在，言歷史能扣緊民族精神之發展而言，
以昭蘇國魂爲己任，則黑氏船山，夐乎尚已❸。

　　上面幾段引文甚爲重要，所以我引用了較多。唐君毅的這個對康
德、費希特、黑格爾的思想史的內在發展的見解一直到《生命存在與
心靈境界》「後序　五、本書思想之緣起」都是保持一貫的，表現了
唐君毅歷三十餘年而不變的定見，是唐君毅的道德的理想主義之基本
架構，也是我們今天思考當代新儒學的未來發展的時候的必須不斷回
返的思想原點之一。

後記：本稿本爲第十屆中國哲學研討會之論文（1997年7月23-28日，漢
　　　城提交論文，因事未親自出席），1997年夏完稿於慕尼黑，曾發表
　　　簡稿於《鵝湖學誌》（1997年6月號）。

---

❸　參見編入於《中國哲學原論　原教篇》而爲其第二十四章〈王船山之人文化
　　成論（下）〉，此稿寫於1945年左右，此處引文參見第664-666頁。

四、唐君毅對宋明理學三系的內在發展的新解

本文綱要

　　區分宋明理學為三系，突出蕺山學的重要性，並由理心氣的哲學問題的發展來掌握宋明理學三環節的發展脈絡，並將宋明理學三環節的理心氣的哲學問題比較於德意志觀念論關於理性、意識與存有的討論，從而挖深了比較哲學的思想基盤，這些都是唐君毅發前人所未發的學術貢獻。因此，釐清唐君毅對宋明理學三系的內在發展的新解，將有助於我們釐清宋明理學三環節的理心氣的哲學問題之脈絡，並在比較哲學的思想基盤之上，有助於我們看清楚新儒家哲學在當代意義脈絡中的發展的可能性。本文論述唐君毅對宋明理學三系的內在發展的新解，本文分為三節：

第一節　由《道德自我之建立》導論見其宋明新儒學研究的關鍵處

第二節　宋明理學的三系的抉擇及此論述做為唐君毅的早期哲學的內在結構的基礎

第三節　唐君毅對宋明理學的定解之形成及其在學術史上的重要意義

第一節　由《道德自我之建立》導論見唐君毅的宋明新儒學研究的關鍵處

　　唐君毅在《道德自我之建立》所探討的「道德的理想主義」的特色在於：運用了德意志觀念論的哲學語辭、論證和體系，重新表現了儒家的心性之學。當然，唐先生會認爲儒家的心性之學在關鍵處超越了西土的哲學，那麼，見於唐君毅在《道德自我之建立》的儒家的心性之學的關鍵處在哪裡？依於唐君毅在此的自述，那是儒家的「性善論」和陽明的「良知教」，尤其是「當下一念之自反自覺」一義。唐先生說：「在此處我又是取資于王陽明之良知之善善惡惡之說，以完成孟子性善論」，「而在後來之禪宗及明儒陽明學派以下諸子，更特別喜在當下一念上指點。此眞中國哲學之骨髓」❶。在此一課題上，唐君毅說：「惡只是一種爲善所反之負面的存在，惡並非眞正精神之表現。由此而歸於性善之結論。在此處我又是取資于王陽明之良知之善善惡惡之說，以完成孟子性善之論」❷，又說：「總括言之，則此書之中心，唯是說明當下一念之自反自覺，即超凡入聖之路。重此當下一念，本是孔孟之教。而在後來之禪宗

---

❶　兩處引文分別參見唐君毅《道德自我之建立》，第35、36頁。

❷　唐君毅，《道德自我之建立》，第34-35頁。前後文說明了孟子陽明學和「世界之肯定」一文的關係：「（第三部）第三節論人性之善與罪惡之命運。我們先提出我們之性善論。……故我們歸到人性善之結論。……故惡只是一種爲善所反之負面的存在，惡並非眞正精神之表現。由此而歸於性善之結論。在此處我又是取資于王陽明之良知之善善惡惡之說，以完成孟子性善之論，此節之義，即通於世界之肯定第五節」。

及明儒陽明學派以下諸子，更特別喜在當下一念上指點。此真中國哲學之骨髓所在。但禪宗及明儒，對此當下一念把握的太緊，不肯放開去廣說。而本書則求先放開說，再收攝說。當然我們還可放開，更作廣說，亦可更收攝說。由前者可通於西洋哲學許多問題，由後者即可通至陽明所謂良知及宗門之向上一機」❸。因此，儒家的「性善論」和陽明的「良知教」的「當下一念之自反自覺」一義是儒家的心性之學的關鍵處，而且「可通於西洋哲學許多問題」。

由下文的對唐君毅對蕺山學的分析可以見出，分析這裡所說的明儒陽明學派以下諸子「更特別喜在當下一念上指點」是特別指蕺山對「意者心之所存」一義的闡述，它對唐君毅的道德的理想主義之成形，有莫大的關係。

第二節　宋明理學的三系的抉擇及此論述做為唐君毅的早期哲學的內在結構的基礎

唐君毅〈論中西哲學中本體觀念之一種演變〉（寫作於1935年）一文清晰地指出了宋明理學的三個發展環節，正如本文已指出的，這三個環節和康德、費希特和黑格爾的哲學內在的發展的三個環節是一致的，唐君毅說：

其實，宋明理學中各家的說法都不全同。簡單說起來可分三

---

❸　唐君毅，《道德自我之建立》，第36頁。

派。今依次講他們關於本體的思想的發展。第一派……性即理派。……從陸象山到王陽明，我們可名之爲心即理派。……近來發覺明代理學從聶雙江、羅念庵到高攀龍、劉蕺山，實又開了一條新路子。……羅整庵之所以終身反對王陽明知心而不知性，亦正因王陽明有此啓人誤會之處……看明了要將陽明所謂明覺與好惡連起來，非要更進一層不行，即非在明覺中找出一個好惡之主宰來不可。所以雙江特別提出「寂體」……，到了劉蕺山，便正式提出意作爲心之主宰，反對從前意爲心之所發之説，而主張意爲心之所存」❹。

這段引文對於當代新儒家哲學的新儒家哲學之體系及其與德意志觀念論的對比研究具有下列重要義涵：

(1)就宋明儒學三系判教而言：由傳統對宋明理學之分系(心即理、性即理)別出「劉蕺山」一系。此爲唐君毅和牟宗三所共闡，而較早見於唐君毅之著作，唐君毅的上述論文寫作於1935年，而牟宗三論述蕺山學的特殊性格開始於1956年發表〈劉蕺山的誠意之學〉一文❺，而開始撰著《心體與性體》則爲1961年，皆晚於唐君毅的創見二十餘年，所以，當代新儒家哲學之宋明儒學三系判教及突出蕺山學的功績該歸功給唐君毅。

(2)就突出蕺山學在新儒家哲學重要性而言：由陽明良知教之後的爭論，唐先生所謂「將陽明所謂明覺與好惡連起來，非要更進一

---

❹　唐君毅，〈論中西哲學中本體觀念之一種演變〉，引文參見唐君毅《東西哲學思想之比較研究論集》第159-165頁。

❺　蔡仁厚，《牟宗三先生學思年譜》，臺北，1996，第22頁。

層不行」的問題，由雙江、劉蕺山等人對「寂體」、「意」的討論，釐清了儒家心性論和道德形上學的根本問題。這裡的「釐清」提供了唐君毅在《道德自我之建立》所表現的「道德的理想主義」的重要組成之一，亦即，儒家的心性之學之所以超越了西方哲學的「當下一念之自反自覺」一義，一如本文前引唐文及所作的解釋。

　　(3)就而當代新儒家哲學與德意志觀念論的比較而言：宋明理學三系的義理若依哲學問題分為三個環節，亦即，心學（陽明「心即理」）、性學（朱子性即理）、心性之學（蕺山以心著性），那麼，這個當代新儒家哲學的新儒家哲學之闡明不僅可以和前述德意志觀念論以及和唐君毅的「道德的理想主義」的三個環節有一對應的關係。而且，就宋明理學三系的義理的內部發展而言，陽明的良知教一方面是批判了朱子，另一方面蕺山又從對陽明的反省中，開出另一個系統。就此而言，陽明的良知教正是宋明理學三大系統的義理之轉折點。而我們也不妨以陽明的良知教為圓心，來論列宋明理學的中國哲學傳統所貢獻於唐君毅的「道德的理想主義」之處，而這也正是唐君毅《道德自我之建立》所採取的方式，而唐君毅的《道德自我之建立》的內容正反映了唐君毅早期哲學的內在結構的基礎❻。

---

❻　我在另文〈唐君毅的中國哲學史稿之文獻學的考察〉對《中國哲學史稿》所包括的諸文作一文獻學的考察，釐清了唐君毅1935、1936年左右所已形成的對宋明理學的理解的相關的後續發展。我在〈唐君毅早期哲學與德意志觀念論〉曾闡述唐君毅對於德意志觀念論與新儒家哲學的比較研究，對於相關問題有興趣的朋友，可參照這些收於本書的論文。

第三節　唐君毅對宋明理學的定解之形成及其在學術史上的重要意義

1.問題之綱要：唐君毅關於德意志觀念論與新儒家哲學的比較研究

　　修改自唐君毅早年著作的〈晚明理學論稿〉的《中國哲學原論　原教篇》第十九章〈綜述宋明理學中心性之論之發展〉分三期概述了宋明理學中心性之論三系之發展：

　　一、朱子以前之心性論至朱子心性論之發展

　　二、朱陸王以後之心性之學之發展

　　三、評蕺山之心性論，總論宋明儒之心性論在儒學史中之地位

　　簡言之爲如下：宋明新儒學的三系爲朱子與朱子之前、陸王及其後學、蕺山學，這個區分蘊含了唐先生的哲學基本洞見與宋明新儒學的哲學詮釋。這個基本洞見如本文前文所闡釋的，是指掌握到了新儒學的三系和康德、費希特、青年黑格爾哲學的內在發展的三個共通的思想環節，《中國哲學原論　原教篇》第二十四章〈王船山之人文化成論（下）〉指出了這個共通的思想環節：

> 西洋哲學之主要概念有三，曰理性，曰意識，曰存在。……中國哲學之主要概念亦有三，曰理，曰心，曰氣。……理之所尚，心之所往；心之所覺，氣之所作。三者固不可分。然理必昭於心之前，氣必繼於此心之後，則人固皆可反省而知之者也。夫然，故哲學必先論宇宙人性之理，而繼以求人生

之覺悟，而終於論人文之化成。……康德、菲希特、黑格爾承理性主義之潮流，以心統理，更言客觀之心，客觀之理。由康氏至黑氏，則康氏猶偏重於尊理性，菲希特則偏於言超越意識之心，黑格爾則特重理性之經意識而表現爲客觀精神與歷史文化矣。……而以宋明理學之發展言之，則宋學之成于朱子，重張儒學之軌範，主以理爲生氣，重理者也。陽明良知之教，重心者也。……惟船山生於宋明理學極盛之時期之後，承數百年理學中之問題，入乎其中，出乎其外，于橫渠之重氣，獨有會於心。知實現此理此心于行事，以成人文之大盛者，必重此浩然之氣之塞乎兩間，而兩間之氣，亦即皆所以實現此理者。……而人類之文化歷史者，亦即此心此理之實現，而昭著於天地之間，而天地之氣之自示其天地之理、天地之心者也。故船山之能通過理與心以言氣，即船山之所以眞能重氣，而能善引申發揮氣之觀念之各方面涵義，以說明歷史文化之形成者也。……以此觀黑氏與船山之言氣言存在，必重精神之存在，文化之存在，言歷史能扣緊民族精神之發展而言，以昭蘇國魂爲己任，則黑氏船山，夐乎尚已。**❼**

《中國哲學原論 原道篇》爲《中國哲學原論》之最後出版之一部，爲唐先生晚年中國哲學定論之《中國哲學原論》的殿軍之作，可見這個區分蘊含了於唐先生的早年的哲學基本洞見與宋明新儒學

---

❼ 唐君毅《中國哲學原論 原教篇》第二十四章〈王船山之人文化成論（下）〉之「後論」，此處引文參見第664-666頁。

的哲學詮釋貫穿於唐君毅的前後期哲學。這個早年的哲學洞見是貫穿於唐君毅的下列按其寫作年代排列的文獻，在此，我對於相關年代的排列運用了前文的文獻學分析的成果：

(1)〈論中西哲學中本體觀念之一種變遷〉（作於1935年）

(2)〈中西哲學中關於道德基礎論之一種變遷〉（作於1936年）

(3)《道德自我之建立》（作於1939、1940年）

(4)《中國哲學原論　原道篇》附錄第一文〈宋明理學家自覺異于佛家之道〉，原名「宋明理學之精神略論」（作於1943年）

(5)〈晚明理學論稿〉（作於1945年）

(6)《中國哲學原論　原教篇》下卷之論述王船山、羅近溪之學之文，即第十六章及第二十章到第二十五章（作於1945年左右）

(7)《中國哲學原論　原道篇》附錄第二、三文〈由朱子之言理先氣後，論當然之理與存在之理〉，原名「朱子理先氣後論疏釋——朱子道德形上學之進路」（作於1946年）

(8)西方近代理想主義之哲學精神手稿（約作於1950-1952年）

(9)人類精神之行程——中西學術文化發展三階段之對比（發表於1954年1月）

(10)《中國哲學原論　原教篇》第十三、十四、十五、十七、十八、十九章，根據寫於收於1945年之〈晚明理學論稿〉而改寫，出版於1975年

就唐君毅之宋明理學史之新理解在學術史的貢獻而言，唐君毅之宋明理學史之新理解具有如下三點學術史的重要意義：

(1)闡釋朱子與朱子之前、陸王及其後學、蕺山學之宋明理學三系之發展。

(2)特予詮釋蕺山學。

(3)以應然、意識、存有三個面向詮釋宋明理學三系之根本特徵，並以之相通於康德、費希特和黑格爾之德國理想主義之發展過程。

唐君毅之宋明理學史之新理解不僅重新從哲學問題的深層重新掌握了宋明理學的思想內在脈動，此一宋明理學的新判教是發前人所未發，早於牟宗三關於宋明理學三系之所論，而且這個宋明理學史之新理解也反映了掌握了唐君毅所說的他自己思想的「根本精神」，從而也得以藉此重新把握康德、費希特和黑格爾的三位思想家之間的思想發展以及它和新儒家哲學的比較研究。

本文底下論述唐君毅之宋明理學史之新理解所具有的宋明理學史的研究史的重要意義：(1)闡釋朱子與朱子之前、陸王及其後學、蕺山學之宋明理學三系之發展，(2)特詮釋蕺山學。

2.唐君毅闡釋宋明理學三系（朱子與朱子之前、陸王及其後學、蕺山學）之發展

唐君毅對宋明理學的定解形成的相當早，這是初萌於1935年所作的〈論中西哲學中本體觀念之一種演變〉，而於1943至1946年陸續於《中國哲學史稿》中加以發展，晚年《中國哲學原論　原教篇》多採錄其說，仍肯定早年的見解。《中國哲學原論　原教篇》的「自序」曾指出「此諸文有爲吾三十年前〔筆者按：1946年左右〕所寫

中國哲學史稿之章」。❽

　　唐君毅對宋明理學的定解形成於1935至1945年，和《道德自我之建立》的創作相爲夾輔。所以可取《中國哲學史稿》諸文，以說明《道德自我之建立》所謂的「在此處我又是取資于王陽明之良知之善善惡惡之說，以完成孟子性善論」。《中國哲學史稿》對於了解唐君毅哲學基本模型及其思想形成史是不可或缺的，可惜迄今對此並無恰當的研究，下文先對《中國哲學史稿》所包括的諸文作一文獻學的考察。

　　另一方面，以《中西哲學之比較研究論集》中之〈論中西哲學中本體觀念之一種演變〉及〈中西哲學中關於道德基礎論之一種變遷〉勘定(1)解釋唐君毅1935、1936年左右所已形成的對宋明理學的理解及(2)《道德自我之建立》所謂的可與德意志觀念論相發明的陽明「良知教」爲何。

　　關於此中的唐君毅對於宋明理學三系（朱子與朱子之前、陸王及其後學、蕺山學）之發展最早的論述參見於唐君毅寫於1935年的〈論中西哲學之本體觀念之一種變遷〉，在此，唐君毅論列了宋明理學關於本體（道德本體）思想的三派：

---

❽　唐君毅，《中國哲學原論　原教篇》，第3頁，「二、內容大旨」，唐君毅說「此原教篇之文，皆論述宋明儒學之發展之文。此諸文有爲吾三十年前（筆者按：1946年左右）所寫中國哲學史稿之章，今除核正所引文句外，無多改動者。如論述王船山、羅近溪之學是也。……其分述宋明理學之章，則一年來據約二十年前（筆者按：即1956年之「晚明理學論稿」）以弘之筆名發表於原泉月刊之哲學史舊稿重寫而成。……此吾之所見，三十年來固無大變，而與他人所見，固有不相雷同。」

(1)第一派是由周濂溪、程明道、程伊川、張橫渠至朱熹。這一派可稱爲性即理派。這一派一方面承認在心的性，一方面承認在天的理；但同時說在心的性即在天的理，所以內界與外界非二。

(2)第二派爲從陸象山到王陽明的心即理派。唐君毅指出，在我們今天所討論的問題上，心即理派與性即理有更進一層的發展，因爲程朱學派雖認爲人爲學之始，心與理分，但最後的理想正在心與理合。陸王正是從程朱所認爲最後的心與理的合一性而同時看出其「最先性」的。

(3)繼而，唐君毅了他關於宋明理學第三系的發現的理論脈絡，唐君毅說：

> 近來發覺明代理學從聶雙江、羅念庵到高攀龍、劉蕺山實又開了一條新路子。這路子與程朱、陸王兩派均不同，同時可補兩派之失。……這一派的發生主要是對王陽明的不滿。因王陽明講心，雖一方注重其明覺的一面，一方面注重其好惡的一面，但好惡與明覺如何聯繫，陽明卻未說，所以很容易使人誤會陽明之所謂心全以明覺爲本。……但在聶雙江、羅念庵則看明了要將陽明所謂明覺與好惡連起來，非要進一層不可，即非在明覺中找出一個好惡之主宰來不可。所以雙江特別提出「寂體」……因他們實是要從陽明之良知中找出一種貫乎良知的根原主宰來。❾

---

❾　唐君毅，〈論中西哲學中本體觀念之一種演變〉，引文參見唐君毅《東西哲學思想之比較研究論集》，第164頁。

唐君毅又說：

> 到了劉蕺山，便正式提出意作爲心之主宰，反對從前意爲心
> 之所發之說，而主張意爲心之所存。……所以我們可以說過
> 去的中國哲學家，可以劉蕺山爲最後的大師。不過，劉蕺山
> 是最努力於認識深一層的本體的，但並不曾說他的「意」是
> 一種超越的本體。因此，我們仍不能說他是離現象求本體，
> 如西洋一些哲學家一般。❿

　　唐君毅的這個對朱子、陽明至於蕺山的思想的內在發展的了解
以及突出蕺山學的特義一直貫穿於其〈晚明理學論稿〉和《中國哲
學原論》原道篇三篇附錄和原教篇下卷。又，《中國哲學原論》原
道篇卷三，唐君毅說「吾由宋明理學之問題的發展，可以斷定朱子
之理先氣後之說，乃首于義務意識中得其證實」⓫，此引文出於〈由
朱子之理先氣後論當然之理與存在之理〉，此文1937年發表，屬本
文所述唐君毅早年作品之一部，對於我在本文所闡釋的理、心、氣
的朱子學、陽明學、蕺山學的三個發展環節的進展，也可做爲做爲
一個佐證。

3.唐君毅對於蕺山學的突顯

　　唐君毅以蕺山爲宋明理學之殿軍，「完成朱子與象山陽明同有

---

❿　唐君毅，〈論中西哲學中本體觀念之一種演變〉，引文參見唐君毅《東西
　　哲學思想之比較研究論集》第165頁。

⓫　唐君毅，《中國哲學原論》原道篇卷三，臺北，1980年臺三版，第471頁。

之以『存養立本』之教，此即蕺山之言之所以最爲敻絕也」⓬，朱子重理，陽明闡明「人原有與此理不二之本心良知」，「而再視孔子所謂憤悱、孟子所謂惻隱、中庸所謂肫肫之仁，同爲心體上所自具之天情；此則循蕺山之言以進，以還契于孔孟重性情之教矣」⓭。

唐君毅寫於1935年的〈論中西哲學之本體觀念之一種變遷〉已經突出與朱子學和陽明學鼎立爲三的蕺山學，指明了蕺山學之要義在「意者心之所存」一義：「到了劉蕺山，便正式提出意作爲心之主宰，反對從前意爲心之所發之說，而主張意爲心之所存」⓮。寫於1945年的〈晚明理學論稿〉也⓯特闢一節爲「略述劉蕺山誠意之學」，論述了蕺山學的淵源及足以和朱子學、陽明學鼎立爲三的理由。

蕺山學可分爲(1)誠意說(2)愼獨教(3)意者心之所存(4)心之性情(5)心氣理融貫爲一之說。關於蕺山學誠意說的淵源，唐先生在〈晚明

⓬ 唐君毅《中國哲學原論 原教篇》第十九章〈綜述宋明理學中心性論之發展〉，此處之討論參見第504-505頁。

⓭ 唐君毅《中國哲學原論 原教篇》第十九章〈綜述宋明理學中心性論之發展〉，此處之討論參見第508-509頁。

⓮ 唐君毅〈論中西哲學之本體觀念之一種變遷〉，此處的討論參見第165頁，唐君毅說「近來發覺明代理學從聶雙江、羅念庵到高攀龍、劉蕺山，實又開了一條新路子。這路子與程朱、陸王兩派均不同，同時可補兩派之失。……這一派的發生主要是對王陽明的不滿。因王陽明講心，雖一方注重其明覺的一面，一方面注重其好惡的一面，但好惡與明覺如何聯繫，陽明卻未說，所以很容易使人誤會陽明之所謂心全以明覺爲本……到了劉蕺山，便正式提出意作爲心之主宰，反對從前意爲心之所發之說，而主張意爲心之所存」。

⓯ 唐君毅〈晚明理學論稿〉收於《哲學論集》第256-310頁。「略述劉蕺山誠意之學」一節，此處的討論見第286-310頁。

理學論稿〉指出蕺山誠意說之先河爲王一庵：「然當時泰州學派之王一庵，則發明意爲心之所存之說，……一庵之以意爲心之所存，而以愼獨之獨爲意，可謂開蕺山誠意說之先河」**⑯**。

關於蕺山學愼獨說的淵源，唐先生在〈晚明理學論稿〉指出了它在明儒中的長久的思想形成過程⑴陽明後學，如龍谿近溪皆主識得良知本體即是工夫，另一方面，雙江念庵則謂當歸寂主靜方能眞見得本體，但是雙江念庵於此良知本體，皆未嘗在陽明龍谿的說明之外而別有說明。⑵到了王塘南王一庵，才於良知之中，指出意之爲主，並且以生生之幾之密運說意之常主乎此知。⑶東林之孫淇澳，不僅論述了捨善無性，而且論述了性即氣質之性，氣質之性更無不善，不善惟在習。東林之孫淇澳復說明致中和之工夫之不可分，與未發之非空寂及愼獨之義。以上三個環節皆下啓劉念臺（蕺山）之誠意愼獨之教。念臺之誠意愼獨之教可謂集此三個環節中的諸人之義，而更能加以發展，完成了江右一路下來之王學之發展**⑰**。

至於蕺山之「意者心之所存」則原爲首倡於王一庵，蕺山予以深化之後乃集一庵東林陽明三者之長，唐先生指出，⑴明儒中重意者，前有王塘南。而王一庵則首倡意爲心之所發而以意爲心之所存者。⑵東林學派以至善言性，而於心善之意未詳。至蕺山乃暢發意爲心之所存，存發一幾之說，總結了塘南一庵之論意爲心之所存和東林之以至善言性，並以此詳說愼獨之工夫，從而合心性爲一，以言性善。因此一面矯了陽明重在念發後用工夫的過失，另一方面亦

---

⑯ 同上文，此處的討論見唐君毅《哲學論集》第266-267頁。

⑰ 同上文，此處的討論見唐君毅《哲學論集》第286頁。

不如龍溪學派之主張捨感以歸寂，蕺山可謂能集一庵言意、東林之言性善、及陽明之即良知即天理即心言性、三者之長，以闡揚大學之慎獨誠意之學者❶。

　　陽明未明揭明覺與好惡之聯繫，未說明絕對的自由意念一義及其與相對性的意念之區別，陽明只以知善知惡之相對性的意念說中庸誠意之「意」而對心體明覺又只指點「無善無惡」，未能明示心體明覺之同時為認知原理和行動原理之理論根據，因此有龍溪之近禪，「好善惡惡之意，只能為善，而不能為惡；良知中之此意，亦自必為一善而非惡；而有善有惡之意，則一般之意念。此乃不同義之二『義』。然陽明於此未析，乃更由心體之無有此有善有惡之意，以言心之無善無惡。王龍溪更見此善惡相對之意之可厭，遂專欣慕此『無善惡之意之相對』之一境。此在蕺山視之，即成陽明之學之歧出」❶。蕺山學之興起淵源於對陽明學的批判與修正之運動，「鄒東郭弟子李見羅，始正式批評陽明。……由見羅之評陽明而後有東林學派、劉蕺山對王學之修正運動。溯東林學派、劉蕺山之修正陽明之教，又實遙承湛甘泉、羅整庵對陽明之質疑。羅整庵辨心性之別，以虛靈明覺是心非性。湛甘泉以心貫乎天地萬物之中」❷。

　　蕺山既深化了王一庵的「意者心之所存」一命題，從而重新構造了他自己的有別於陽明的誠意說；便依此進而提出了他自己所獨

---

❶　同上文，此處的討論見唐君毅《哲學論集》第308頁。

❶　參見唐君毅〈劉蕺山之誠意靜存以立人極之道〉，收為《中國哲學　原教篇》第十八章，此處的討論見第471-472頁。唐君毅〈劉蕺山之誠意靜存以立人極之道〉一文乃據〈晚明理學論稿〉改寫而成。

❷　唐君毅〈晚明理學論稿〉，此處的討論見唐君毅《哲學論集》第268頁。

創的「心之性情」與「心氣理融貫爲一之說」。蕺山相對於朱子的「心統性情」而提出「心之性情」。唐先生於〈晚明理學論稿〉指出「至念臺則既張明理即氣之條理，氣乃依中和之理爲樞機而運轉之義，故理氣不可分。復言理尊於氣之義，蓋理爲氣之主宰也。是可謂能兼重理之超越於氣之義與內在於氣之義者。念臺之學，仍是以心爲中心觀念。其言理氣，依然只是言心外無性而附及。與宋儒之多就宇宙論觀點，以言理氣者不同。」❷，唐先生於此雖提及了「即心」與「離心」、理氣之「仍是以心爲中心觀念」，但對於蕺山自己所獨創的「心之性情」與「心氣理融貫爲一之說」則論述不明，這有待於唐先生於改寫稿〈劉蕺山之誠意靜存以立人極之道〉予以進一步的辯明❷。

就蕺山學之五大部份(1)誠意說(2)愼獨教(3)意者心之所存(4)心之性情(5)心氣理融貫爲一之說而言；「愼獨說」爲蕺山學之標宗，而蕺山學中、晚期所精熟的「誠意說」則爲「愼獨說」的總結。在此，吾人可以「意者心之所存」標出蕺山對「意」的特解，「意」爲道德意識的先驗構成；繼以「以中和之情說意者心之所存」說明「意」的內涵；終之以「誠意爲本體工夫」，而蕺山在此是以其「心、氣、理一的特殊氣論」來說此「誠意爲本體工夫」的本體力動與道德意識的先驗構成的內在交涉，因此也進入了「蕺山晚期與陽明學、朱子學鼎足爲三的蕺山學晚年定論」的範疇。❷

---

❷ 唐君毅〈晚明理學論稿〉，此處的討論見《哲學論集》第309頁。

❷ 參閱唐君毅〈劉蕺山之誠意靜存以立人極之道〉「四、心之性情與理氣」。

❷ 關於蕺山學的此處的論述，參見賴賢宗，〈蕺山「心之性情」反對朱子「心統性情」的理論根據〉，收於《鵝湖月刊》，1993年12月、1994年1月，臺北。

　　唐先生早期哲學特別闡釋了蕺山學做為與朱子學陽明學鼎足為三的理論根據，在寫於1935年的〈論中西哲學之本體觀念之一種變遷〉和寫於1945年的〈晚明理學論稿〉中，唐先生辨明了前三部份（即⑴誠意說⑵慎獨教⑶意者心之所存），闡明「意者心之所存」的蕺山學之「意」的特解；而對於後兩部份（即⑷心之性情⑸心氣理融貫為一之說）的進一步闡明，則有待於他的〈晚明理學論稿〉之改寫稿（亦即〈劉蕺山之誠意靜存以立人極之道〉）予以進一步的闡釋，更深入於蕺山學中的「心、氣、理一的特殊氣論」，以此來說明「誠意為本體工夫」的本體力動與道德意識的先驗構成的內在交涉。

五、唐君毅的中國哲學史稿之 文獻學的考察

　　唐君毅對宋明理學的定解形成的相當早，由我的〈唐君毅早期哲學與德意志觀念論〉一文的分析可以得知，這是初萌於1935年所作的〈論中西哲學中本體觀念之一種演變〉，而於1943至1946年陸續於唐氏的《中國哲學史稿》中加以發展，晚年《中國哲學原論　原教篇》多採錄其說，仍肯定早年的見解。

　　唐君毅的《中國哲學史稿》對瞭解唐君毅思想的形成有莫大的助益，尤其是在唐先生早年的札記和日記已佚失的情況之下❶，究竟此一論稿包含了那些內容，分別在何時所寫，迄今未有學者對之做過恰當的文獻學考察❷。唐先生於1954年3月15日日記自述「夜念

---

❶　《唐君毅日記》第169頁，1954年：「四妹昨來信，……我十五至三十五年之日記與札記詩稿等，皆已無蹤跡矣。我在此十五年中乃學問最進步之時，……札記中則包含三十以前之思想系統」。本文所引唐君毅著作皆出自《唐君毅全集》（臺北，學生書局，1988）。

❷　例如唐端正修定之唐君毅年譜或許是根據《中國哲學原論》導論篇之自序「旋即於舊稿之率爾操觚，不能當意，故除已發表之小部份外，餘皆視爲廢紙」而稱唐君毅視此《中國哲學史稿》「除已發表之小部份外，餘皆視爲廢紙」，其實，唐先生之《中國哲學史稿》之諸文大都皆收入《中國哲學原論》，因此不能說唐君毅眞得視其爲廢紙，唐先生所不滿意者當在其

我過去之寫文可分爲五時期」，又說「三十四歲後應教育部之約寫中國哲學史綱十七萬言，至36歲復補作宋明理學論20萬言。後又作朱子理氣論七萬言」❸。因此，唐君毅早年的《中國哲學史稿》可分爲三部份：

　　⑴34歲後應教育部之約寫中國哲學史綱17萬言。

　　⑵36歲復補作宋明理學論20萬言。

　　⑶後又作朱子理氣論8萬言。

　　唐先生自述的年歲採西曆之算法，所以他34歲和36歲分別爲1943年和1945年。我稱此三部份之合稱爲唐先生早年的《中國哲學史稿》，這應是合乎唐先生自己的意思的，因爲唐先生就後兩部份的寫作說其爲「補作」、「後又作」，唐先生在提及其早年論稿之時，也往往是三者並提。

　　現在，我們提出三個問題：

　　⑴《中國哲學史稿》現存哪些部份？存在於何處？

　　⑵《中國哲學史稿》在唐君毅思想形成史的地位如何？

　　關於以上的第二個問題，《中國哲學原論　原教篇》自序的第二節曾明確底說「此諸文有爲吾三十年前所寫之中國哲學史稿之章，

表達型式上，而非其內容，因此，當他整編中國哲學原論各篇之時，在更完整的編輯規劃的表達形式中，唐君毅又將它們收入，作爲他的重要著作而出版。《中國哲學原論　原教篇》自序的第二節就說「此吾之所見，三十年來固無大變……」，指出了他早年的中國哲學史稿和完晚年的原論之間的思想繼承關係。唐端正又將《中國哲學史稿》的創作記於1941年條下，比實際的情況提早了兩年，不知爲何如此推斷，參見唐端正編年譜第51頁。

❸　《唐君毅日記》第170頁。

今除核正所徵引文句外，無多改動者。……此吾之所見，三十年來
固無大變」❹，由此可知，《中國哲學史稿》和三十年後的《中國
哲學原論》的根本思想是「固無大變」的。

關於以上的第一個問題，迄今的唐君毅哲學研究未有恰當的說
明《中國哲學史稿》現存哪些部份？存在於何處？其原因大約是：
唐先生屢次自我批評了早年的思想，唐君毅哲學的研究者未能釐清
青年唐君毅的思想突破的確定的斷代，未能勘定唐先生後期思想對
早年思想的自我批判和繼承發展的兩部份不同的文獻和思想內容。
其實，要釐清這個文獻學的稿考查，若能一一查考《唐君毅全集》，
則不難完成。底下即對此一問題的文獻學考察先擷擇出散見各處的
文獻於下，並加按語，再加以一批判底考察。

底下根據唐君毅日記、書信及序言考定唐君毅《中國哲學史稿》
的寫作的狀況：

A1《唐君毅日記》於1954年3月15日之記載曾說：

> 夜念我過去之寫文可分為五時期：自26歲至29歲數年皆喜論
> 中西哲學問題之比較，後輯成中西哲學之比較論集於正中出
> 版，三十歲至三十三歲數年中喜論道德人生成《人生之體驗》
> 與《道德自我之建立》二書在中華商務印行，三十四歲後應
> 教育部之約寫中國哲學史綱十七萬言，至36歲復補作宋明理
> 學論20萬言。後又作朱子理氣論七萬言，此文後只零星在刊
> 物上發表若干篇，大約見於理想與文化、歷史與文化及學原。

---

❹　唐君毅，《中國哲學原論　原教篇》，第3頁，「二、內容大旨」。

> 三十八歲至四十一歲時寫文化之道德理性基礎，其中有二篇
> 四十二歲時乃完成，四十一歲至今則又著重論中西文化與人
> 類文化前途等問題而針對時代立言。回想起來，皆四年一變，
> 乃不期然而然者亦異事也，不知此後數年尚如何。❺

所謂「36歲復補作宋明理學論20萬言」，而又說此文發表於「學原」。再參照底下A2至A8諸條，發表於1956年之「原泉」之〈晚明理學論稿〉即「改校」自此稿，由此可推斷〈晚明理學論稿〉之此一「原稿」為唐君毅廣義的《中國哲學史稿》之一部份，作於1945年唐先生36歲之時。

A2《致廷光書》第309頁「我在此一月半中寫了中國哲學史十萬字。三、四年來均未寫文」。

按：信寫於1945年11月10日，唐先生此時為36歲。此前「三、四年來均未寫文」，此說和前述日記（A1）所說之「三十四歲後應教育部之約寫中國哲學史綱十七萬言，至36歲復補作宋明理學論20萬言」表面上相矛盾。此當解為唐先生並未把「三十四歲後應教育部之約寫中國哲學史綱十七萬言」當作是正式寫文，因其未正式發表之故。前述日記之追憶所說的：「36歲復補作宋明理學論20萬言」，可以推斷，此稿即1945年11月10日《致廷光書》所說的「我在此一月半中寫了中國哲學史十萬字」，此稿在修改後以「晚明理學論稿」之名發表於1956年之《原泉》，因此「晚明理學論稿」之原稿乃作

---

❺ 　《唐君毅日記》第170頁。

於1945年唐先生36歲之時。1956年發表後又在約二十年之後「重寫」爲《原教篇》的第十三、十四、十五、十七、十八、十九章（參照B2）。

A3《唐君毅日記》1956年1月24日記「改江右王門學交原泉」❻。

按：「江右王門學」即〈晚明理學論稿〉之一節。《原泉》於1956年刊出〈晚明理學論稿〉。該注意的是此中之「改」一字，這表示於1956年以前已存在一份與〈晚明理學論稿〉相應的論稿，當即爲前述日記（A1）所說的「36歲復補作宋明理學論20萬言」。

又按：關於〈晚明理學論稿〉：據1945年11月10日之《致廷光書》，〈晚明理學論稿〉之「原稿」當爲唐先生「在此一月半中寫了中國哲學史十萬字」，亦即作於1945年9月底至11月10日（唐先生36歲），共十萬字，那時候唐先生住在重慶沙坪壩。1956年1月起，唐先生生對此稿加以校改，並以今〈晚明理學論稿〉之名陸續發表於「原泉」。

A4《唐君毅日記》1956年10月3日日記「校改昔年所著劉蕺山文」❼。

按：此文應爲隨即發表於1956年的《原泉》，而後來收於《哲學論集》的「晚明理學論稿」之一部份。該注意的是此中之「校改」，這表示於1956年以前已存在一份〈晚明理學論稿〉的原稿，此當即前述的「36歲復補作宋明理學論20萬言」。

A5《唐君毅日記》1954年2月21日日記：「並寫秦以後中國哲學講稿五千字」，2月22日「補昨稿六千字」，2月23日「上午標點昨

---

❻　《唐君毅日記》第222頁。

❼　《唐君毅日記》第256頁。

稿，辦學校事，校刊所著論羅近溪理學一文」❽。

　　按：據此條則唐先生至香港之後所油印的《中國哲學史稿》講義，亦有至香港之後所新寫者。又，此中之〈羅近溪理學一文〉後收入於《中國哲學原論　原教篇》成為其第十六章〈羅近溪之即生即身言仁、成大人之身之道〉。

　　A6《唐君毅日記》1953年11月3日：「鈔筆記三時，乃十七年前在中央大學教中哲問題時我用者」。

　　按：「十七年前」即1936年，依此年代應為〈宋明理學之精神略論〉（收入《中國哲學原論　原道篇》之後改名為「宋理學家自覺異於佛家之道」，如此則其篇名亦和下條所記之「中國哲學史中佛學精神」一題相呼應。

　　A7《唐君毅日記》1955年2月18日「至港大上課，校對中國哲學史中佛學精神一章付油印」。

　　A8《中國哲學原論　原道篇》自序：

　　吾昔年所為之中國哲學史稿（〔唐自註〕吾三十年前有中國哲學史稿未正式出版，但來港後曾在二大學暫油印為講義。世如存有此講義者，務須全部毀棄為要），與讀書之隨手鈔記，原只堪覆瓿者，多可供我自由取用之資。然因慮目疾延及右眼，故多急就之章，對前哲之旨，或終成孤負。唯在行文之際，亦時有程伊川所謂思如泉湧，吸之愈新之感；恆能滌去舊見，以見來新。自

────────────

❽　《唐君毅日記》第168頁。

謂差有進于前此之論述。

按：唐先生在此引文中較爲自謙，認爲「三十年前有中國哲學史稿」，爲「只堪覆瓿者」，並告誡「世如存有此講義者，務須全部毀棄爲要」，但是，在稍晚出版的《中國哲學原論 原教篇》卻又收錄了其中的三十餘萬字，其中或爲「除核正所徵引文句外，不多改動者」，或爲「重寫而成」，並自言「此吾之所見，三十年來固無大變」（參見B2、）。

關於《中國哲學史稿》被改編入其他著作的情況，亦考證如下：

B1唐君毅的《中國哲學原論 原道篇》附錄的前言曾指出：

> 此中第一文，原名「宋明理學之精神略論」，爲舊作中國哲學史之一章，發表於民國三十五年，我與友人周輔成所編理想與文化第八期。……今改名爲宋理學家自覺異於佛家之道。第二文原名爲〈朱子理先氣後論疏釋－朱子道德形上學之進路〉。原發表於三十六年友人牟宗三先生于南京所編之歷史與文化第一、二期。今改名爲〈由朱子之言理先氣後，論當然之理與存在之理〉。❾

按：關於朱子一文末標明「三十五年暑於重慶化龍橋」，因此此文完稿於1946年之重慶沙坪壩，這一年秋天唐君毅即返回南京授課。

B2唐君毅的《中國哲學原論 原教篇》自序說：

---

❾ 唐君毅，《中國哲學原論 原道篇》第三編附錄的前言之首頁，唐君毅全集，卷十六第416頁。

此原教篇之文，皆論述宋明儒學之發展之文。此諸文有爲吾
三十年前（筆者按：1946年左右）所寫中國哲學史稿之章，今除
核正所徵引文句外，不多改動者。如論述王船山、羅近溪之
學之文是也，……其分述宋明理學之章，則一年來據二十年前
以弘之筆名發表於原泉月刊之哲學史舊稿（筆者按：即1956年發
表之「晚明理學論稿」）重寫而成。……然此書亦非雜湊而成，
而實意在合此諸文，以彰顯吾所見之整個宋明儒學之發展。
此吾之所見，三十年來固無大變。❿

按：關於「二十年前以弘之筆名發表於原泉月刊之哲學史舊稿」，
另參照前列日記所記關於「晚明理學論稿」之校稿之條文，二者的
記載是相一致的。

B3晚明理學論稿收於唐君毅全集之《哲學論集》第256-310頁，
編者加一注解說明本篇爲作者「中國哲學史」舊稿之部份內容，曾
分章發表於《原泉》（1956年4-12月），本篇各章曾經作者重寫收
入《中國哲學原論　原教篇》。

另外，相關的著作經重校與補寫的有：1956年12月三十日日記
所記之關於《文化意識與道德理性》一書：

上下午改文十小時，《文化意識與道德理性》一書校改完。
皆只修正字句，根本意見全無更動。此書寫於十年前，十之
八完成於南京與無錫，六年前乃補前後之三章，然迄今未能

---

❿　唐君毅，《中國哲學原論　原教篇》自序第二節。

有重看一度加以校改文句之時。此月內乃發憤將未校之二十萬字全部細閱一次，覺其立義皆能通過我今日之理性之印證，亦足證十年前我之思想已大定也。此書囑學生補抄一部份後，當設法付印。」（《唐君毅全集》卷27，日記，第263-264頁）。

關於《中國哲學史稿》的文獻的批判考察，可得結論如下。《中國哲學史稿》的現存的內容（與宋明理學相關的部份）依其寫作排列有如下(1)(2)(3)(4)的四個部份：

(1)《中國哲學原論　原道篇》附錄第一文〈宋明理學家自覺異于佛家之道〉，原名〈宋明理學之精神略論〉，原發表1946年《理想與文化》（唐君毅與周輔成合編）第八期。

此(1)即為唐先生於1954年3月15日日記所追憶的「三十四歲後應教育部之約寫中國哲學史綱十七萬言」的一部份，據此則此文寫於1943年，現存近兩萬字。(2)《中國哲學原論　原教篇》下卷之論述王船山、羅近溪之學之文，即第十六章及第二十章到第二十五章❶，作於1945年左右。論船山之文發表於《學原》第一至第三卷，論近溪文發表於民主評論百期紀念號。

(3)收於《哲學論集》之「晚明理學論稿」，作於1945年9月底至同年11月10日（唐先生36歲），1956年於《原泉》4-12月號刊出，

---

❶　各章篇名如下，第十六章〈羅近溪之即生即身言仁、成大人之身之道〉及第二十章〈王傳山之天道論〉、第二十一章〈王船山之性命天道關係論〉、第二十二章〈王船山之人性論〉、第二十三章〈王船山人道論〉、第二十四章〈王船山之人文化成論〉、第二十五章〈事勢之理在中國思想中之地位及三百年來之中國哲學〉。

後改寫成《中國哲學原論　原教篇》第十三、十四、十五、十七、十八、十九章❶❷。

此⑵、⑶即相當於唐先生於1954年3月15日記所追憶的「至36歲復補作宋明理學論20萬言」。據此則此文稿寫於1945年。

⑷《中國哲學原論　原道篇》附錄第二、三文〈由朱子之言理先氣後，論當然之理與存在之理〉，原名「朱子理先氣後論疏釋──朱子道德形上學之進路」，文末標明「三十五年暑於重慶化龍橋」（按即1946年），原發表於1947年《歷史與文化》（唐君毅與牟宗三合編，南京）第一、二期。

此⑷即爲唐先生於1954年3月15日記所回憶的「後又作朱子理氣論七萬言」的全文。

---

❶❷　由晚明理學論稿改編而來的各章篇名如下，第十三章〈王學之論爭與王學之二流（上）〉、第十四章〈王學之論爭與王學之二流（下）〉、第十五章〈羅念庵之主靜知止以通感之道〉、第十七章〈王學之弊東林學之止於至善之道〉、第十八章〈劉蕺山之誠意靜存以立人極之道〉、第十九章〈綜述宋明理學中心性論之發展〉。

六、牟宗三的道德的形上學與康德哲學、德意志觀念論：當代新儒家的道德的形上學之重檢

本文綱要

牟宗三認爲康德雖已經建立了「道德底形上學」（metaphysics of morals），但並未闡釋「道德的形上學」（moral metaphysics），康德所建立的「道德底形上學」已涉及儒家「踐仁盡性」的三義中的第一義（道德性的嚴整義），雖有所不足，但若加以疏導，則亦可通於「道德的形上學」。牟宗三又指出，康德的「道德底形上學」開啓進一步的「道德的形上學」，其脈動已見於康德之後的費希特、謝林、黑格爾哲學，此一脈動尚待抉擇與釐清，對於建立當代新儒家哲學的道德的形上學，具有值得參照之處。本文由德意志觀念論的整體發展脈動，重新檢視當代新儒學的道德的形上學的相關論述，論述牟宗三關於康德的道德主體性和道德底形上學的討論在德意志觀念論的問題意識中的特殊取向及其意義；並藉著德意志觀念論關於「絕對的認知」與「認知的絕對」的先驗哲學的體系問題的討論，

闡明關於德意志觀念論的有別於牟宗三的另一種觀點，闡釋「縱貫橫攝」在當代新儒家哲學的開展的的需要性與可能性。

本文之各節之要目如下

關鍵字：康德、牟宗三、現代新儒家、道德的形上學：Kant、Mou
Zongsan、Contemporary new Confucianism、Moral Metaphysics

導 論

　　牟宗三以⑴道德性的嚴整義、⑵道德性的宇宙本體義和⑵道德
性的存在歷史義論述了道德性之三義，依此而論述了儒家的道德的
形上學，並批判反省了康德的道德底形上學，牟宗三對此三義的討
論是一個貫穿於儒家哲學和康德哲學、德意志觀念論哲學的討論，
對於儒家的道德的形上學的重檢和進一步的開展以及東西比較哲學
的發展具有重大意義。本文論述牟宗三此論與東西比較哲學的關係，
並闡述牟宗三所論的道德性三義與對康德的重檢，重回到康德哲學
原典的詮釋之問題，加以開放地反省。牟宗三一方面以縱貫系統爲
傳統新儒家之主流與正宗，另一方面又指出開展「縱貫橫攝」系統
爲今日新儒家哲學發展的要務。牟宗三說：「以縱貫系統融化橫攝
系統而一之，則是今日之事也」❶。又，牟宗三並未具體做出此一
「縱貫橫攝」之體系，但是卻批判了朱子的橫攝系統❷，認爲朱子

---

❶　牟宗三，《心體與性體》，第一冊，臺北，學生書局，頁414。牟宗三說：
　　「通過明道之圓教模式與五峰蕺山之綱維乃能進窺聖人『以仁發明斯道』
　　之『渾無陳縫』（象山語）與『天地氣象』。……朱子力敵千軍，獨全盡
　　而貫徹地完成此橫攝系統，此是其所以爲偉大。以縱貫系統融化橫攝系統
　　而一之，則是今日之事也。」
❷　牟宗三，《心體與性體》，第一冊，第一部「綜論」第一節「論道德理性
　　三義」以下，頁115以下。

所把握到的性體是只存有而不活動，忽略了即存有即活動的性體的道德創生性，牟宗三認爲「孔孟立教之直貫型態」是「以直貫橫，非無橫也」，並提出了「以直貫橫，則融而爲一也」的提法❸，顯示出他在「縱貫縱生」與「橫攝」系統的區分當中，看出「縱貫橫攝」之體系的可能性，但是牟宗三並未眞正建構出「縱貫橫攝」。吾人認爲牟宗三所論的「縱貫縱生」體系之建構，也就是相當於謝林將之理解成「絕對的認知」，而非如黑格爾哲學將智的直覺理解成「認知的絕對」，後者則屬筆者所說的「縱貫橫攝」❹。本文對這裡所包含的儒家的道德形上學的進一步的可能性，以德國古典哲學的比較爲中心，做進一步的討論。

在研究的方法論上，本文的論述分爲下列步驟：

⑴語義的釐清：首先進行語義的釐清，解明牟宗三所用「道德底形上學」和「道德的形上學」二語及儒家「成德之教」在「道德哲學」、「道德底哲學」的區分中的意義。

⑵原典的重檢與理論模型的重構：在上述區分下，牟宗三批判了康德只有「道德底形上學」，只是「一心開一門」，因爲康德並不承認自由是本心的呈現，康德只在形式上的道德法則之自我立法

---

❸ 牟宗三，《從陸象山到劉蕺山》，第二章〈象山與朱子的爭辯〉，臺北，1979年初版，頁91。牟宗三說：「〔朱子〕所謂「眾物之表裡精粗無不到，而吾心之全體大用無不明也」，此是認知橫列之型態，本體論的存有之型態，乃靜涵之平鋪也。此是朱子重後天功夫以學聖所特別彰著之橫列型態，而非孔孟立教之直貫型態也。（以直貫橫，非無橫也）……此兩型態顯然有異，但以直貫橫，則融而爲一矣」。

❹ 另請參見賴賢宗〈牟宗三論體用縱橫〉一文，收於本書中。

上論述道德主體性（詮釋模型I）。本文進一步重新檢視牟宗三這裡的康德詮釋所運用的原典，並根據其他康德原典及文獻詮釋指出康德倫理學另有一種詮釋模型（詮釋模型II），康德所論的自由與道德主體性可以肯定自由的實在性、積極自由不僅只是形式上的道德法則之自我立法，更也是「道德格準之採納」及「道德情感之引生」。

（3)批判底反省與前瞻：本文進一步延伸上述關於康德詮釋的兩個模型的討論，在德意志觀念論的發展脈絡中，提出關於牟宗三的儒家道德的形上學的批判底反省。上述關於康德詮釋的兩個模型的課題，並不只是牟宗三個人的康德理解的問題，還涉及康德之後的德意志觀念論對於相關課題的進一步開展和唐君毅對於東西比較哲學的研究，涉及了當代新儒家哲學的進一步發展的問題。亦即，參照謝林和黑格爾的體系哲學的「絕對的認知」與「認知的絕對」的異趣以及唐君毅會通了宋明儒的道德的形上學與德意志觀念論哲學的內在發展的三個環節，吾人得以更清楚地闡明當代新儒家哲學的道德的形上學「縱貫橫攝」系統之開出之需要與可能。

第一節 「道德底形上學」與「道德的形上學」：牟宗三論康德未能建立「道德的形上學」

1.「道德底形上學」與「道德的形上學」論題背景之闡釋

牟宗三闡釋：「道德底形上學」是道德原理之先天地分析，由

一般人所具有的道德意識解明其中所蘊含的先天的道德原理，亦即，對無上令式做一形而上學的闡明，這裡的形而上的闡明，其意義等同於《純粹理性批判》之時空形式的形上學闡明所說的形上學。康德在《道德底形上學的基礎》（Grundlegung zur Metaphysik der Sitten）一書的前兩章和第二批判前八節，所做的就是此一對於道德原理的分析。至於「道德的形上學」所涉及的諸形上學的理念，如自由、上帝存在和靈魂不死，需要的是一批判。這些理念一方面是實踐理性的設準，二方面這三個理念所相連繫的最高善又是實踐理性的必然對象。牟宗三認爲：康德認爲人類並沒有智的直覺，所以自由等理念並不能「呈現」，而只能是「設準」，在「道德的神學」中，理念即和基督教信仰相合而成爲信仰的對象，所以康德並不能極成「道德的形上學」，而只有「道德底形上學」和「道德的神學」。

牟宗三在《心體與性體》第一冊綜論部區分了「道德底形上學」（Metaphysics of Morals）與「道德的形上學」（Moral Metaphysics）。牟宗三認爲康德只有「道德底形上學」（亦即，「道德之形上解析」）與「道德的神學」（Moral Theology），但是卻並無「道德的形上學」。牟宗三從對康德的批判出發，是想進一步根據儒家講出一個「道德的形上學」來，而不只是「道德之形上解析」（「道德底形上學」）。❺

牟宗三區分了儒家的「成德之教」與西方哲學所謂之「道德哲

---

❺　牟宗三，《心體與性體》第一冊，頁136。牟宗三說，「實則康德只有『道德底形上學』（『道德之形上的解析』）與『道德的神學』（Moral Theology），而卻並無『道德的形上學』（MoralMetaphysics）。本文是想根據儒家要講出一個『道德的形上學』來，不只是『道德之形上的解析』（『道德底形上學』）」。

學」、「道德底哲學」、「道德的形上學」、「道德底形上學」，從而釐清了儒家的「成德之教」在哲學中的系統地位，結論出「宋明儒之『心性之學』若用今語言之，其爲『道德哲學』正函一『道德的形上學』之充分完成」❻，使儒學哲學在哲學當中的系統地位有一更爲清楚而確定之定位，通往進一步的東西比較哲學之建構。

首先，對牟宗三的用語「道德哲學」（Moral Philosophy）和「道德底哲學」（Philosophy of Morals）之語意作一釐清❼。「道德哲學」即是道德的哲學（Moral philosophy）是一種哲學進路，此一進路是以道德進路與實踐進路爲優先的哲學研究，例如儒家哲學首重成德之教和道德意識所歸趣的天道性命之學，和康德、費希特哲學強調實踐理性的優先性，就都是一種「道德哲學」。而「道德底哲學」諸多哲學研究中的一種，它是研究道德之一般課題的哲學論述，傳統中亦將倫理學稱爲「道德底哲學」。

其次，我們對儒家之「成德之教」在哲學研究中的系統地位作一釐清。儒家之「成德之教」在哲學研究中的系統地位之釐清可分兩方面論述之，亦即，就「道德哲學」和「道德底哲學」兩方面論

---

❻ 牟宗三，《心體與性體》第一冊，頁10-11。

❼ 牟宗三說：「此成德之教，就其爲學說，以今語言之，亦可說即是一道德哲學（moral philosophy）。進一步，此道德哲學亦函一道德的形上學（Moral metaphysics）。道德哲學意即討論道德的哲學，或道德之哲學的討論，故意可轉語爲道德底哲學（philosophy of morals）。……此一道德底哲學相當於康德所講之道德底形上學，即其《道德底形上學之基本原理》（Fundamental principles of the metaphysics of morals）一書是也」，引文參見牟宗三，《心體與性體》第一冊，頁8。

述之。第一方面，就儒家之「成德之教」是「道德底哲學」而言，儒家之「成德之教」是道德之哲學的討論，倫理學就其一般的意義而言就是道德底哲學，西方倫理學之中心課題在於對於道德法則的形式的闡明及對於德行的體系的解說，儒家對於德行的體系的解說與道德法則的相關的問題有其論述，前者如儒家對於仁義禮智信的闡明，後者如儒家對絜矩之道與敬（敬作爲關於道德法則的情感）的說明，就此而言，儒家之「成德之教」是一套「道德底哲學」。第二方面，就儒家之「成德之教」是「道德哲學」而言，儒家之「成德之教」強調了德行之優先性，蘊含了一套「盡心知性知天」的「天道性命相貫通」之學，儒家之「成德之教」是道德哲學，此一「成德之教」蘊含了一「道德的形上學」。

2.牟宗三論「道德的形上學」在儒家哲學和德國古典哲學當中的系統地位

　　復次，我們簡述「道德的形上學」在儒家哲學和德國古典哲學當中的系統地位。自牟宗三的當代新儒家哲學的觀點觀之，道德之哲學的討論，其中心問題首在討論道德實踐所以可能之先驗根據，亦即，超越的可能性之探究，而在新儒家哲學當中，這也就是所謂的「心性問題」，心是就主觀的超越根據而言，性是就客觀的超越根據而言。心和性是在一個迴環當中。如果再由此進而討論實踐之下手的問題，討論如何進入此一迴環的方法，此就是「功夫」的問題。宋明儒心性之學之全部就是這兩個問題；以宋明儒詞語說，心

性之客觀根據是本體問題，如何進入心性本體的問題所涉及之主觀根據是功夫問題。就前者說，此一「道德底哲學」相當於康德所講之「道德底形上學」，即其《道德底形上學之基礎》一書❽，康德此書第一、二章，使用分析法，闡明了作爲道德法則之形式的斷言令式，在第三章，則對實踐理性做一批判的考察，此中，康德在心性之客觀根據的闡釋中，只是闡明了形式的道德法則之意志的自我立法，只及於客觀的理，並未及闡明意志自由及本體之德行自我之呈現，未及闡明主體能動性如何採納客觀的道德法則而自我引生興發力，亦因此而未及闡明最高善作爲實踐理性的必然對象是在自由意志的當下呈現中帶有存在性和歷史性。所以，牟宗三認爲康德建立了「道德底形上學」，但並未建立「道德的形上學」，康德所建立的「道德底形上學」已涉及儒家所論之道德性的三義中的第一義，若加疏導，則亦可開出「道德的形上學」。牟宗三指出：康德的「道

---

❽　牟宗三，《心體與性體》第一冊，頁8。牟宗三說：「此『成德之教』，就其爲學說，以今語言之，亦可說即是一『道德哲學』（moral philosophy）。進一步，此道德哲學亦函一『道德的形上學』（Moral metaphysics）。道德哲學意即討論道德的哲學，或道德之哲學的討論，故意可轉語爲『道德底哲學』（philosophy of morals）。……但自宋明儒觀之，就道德論道德，其中心問題首在討論道德實踐所以可能之先驗根據（或超越的根據），此即心性問題是也。由此進而復討論實踐之下手問題，此及功夫入路問題也。前者是道德實踐所以可能之客觀根據，後者是道德實踐所以可能之主觀根據。宋明儒心性之學之全部即是此兩問題。以宋明儒詞語說，前者是本體問題，後者是功夫問題。就前者說，此一『道德底哲學』相當於康德所講之『道德底形上學』，即其《道德底形上學之基本原理》（Fundamental principles of the metaphysic of morals）一書是也。」

德底形上學」可以開啓「道德的形上學」，此一脈動已見於康德之後的費希特、謝林、黑格爾哲學，此一脈動在比較哲學上的實義尚待抉擇與釐清。❾

復次，我們論述儒家哲學的「道德的形上學」的基本結構：牟宗三指出，由儒家的「成德之教」而來的「道德底哲學」具有本體與功夫之兩面，在實踐中有限即通無限，故其在本體一面所反省澈至之本體是絕對的普遍者，是吾人道德實踐和宇宙生化之本體和一切存在之本體（存在根據）。此是由仁心之無限而言者，而且不但只是「仁心無外」之理上如此，而且由「肫肫其仁，淵淵其淵，浩浩其天」之聖證亦可上至於天，因此，此一「道德底哲學」即函一「道德的形上學」。復次，「道德的形上學」與「道德底形上學」二者並不相同。「道德底形上學」著重在說明道德之普遍的與必然的性質，此時的形上學的意義是指普遍性與必然性的原理而言。而「道德的形上學」重點則在道論形上學，涉及一切的存有者的存有，因此「道德的形上學」當中所討論的是「本體論的陳述」與「宇宙論的陳述」，或綜合之而說之爲「本體宇宙論的陳述」（onto-cosmological statements）。

再者，就康德自身的哲學發展而言，康德建立起一個「道德的

---

❾ 牟宗三，《心體與性體》第一冊，頁184。牟宗三說：「我們從這簡述中（〔M. Müller 論方向倫理學與德意志觀念論〕），很可以看出德國康德後理想主義底發展是向打通那一層隔而期完成『道德的形上學』之方向趨。關鍵是在由『自由』所表示的絕對性與無限性而直通那無限而絕對的神性以爲我們自己最內在的本質、本性。……這樣，意志自由與上帝存在不再是並列的兩個設準，像在康德本人那樣，而是打成一片而在『展現』中呈現。」。

神學」（Moral theology），但並無「道德的形上學」一詞。他由意志之自由自律來接近「物自身」（thing in itself），並由反思判斷來溝通自由與自然，可以說，康德的這一些規劃即是一「道德的形上學」之內容。雖然，康德只成立一個「道德的神學」，卻並未成立一個「道德的形上學」；但是，實踐理性必然要求最高善的實現，因此，道德法則是最高善的決定根據，而最高善和與此相關的理念則是實踐理性的必然對象，此中，自由意志是人類能體驗到的理念，而自由意志所設定的道德法則的內涵面必然指向最高善，因而指向上帝存在和靈魂不死，上帝存在和靈魂不死的理念是實踐理性的設準，因此而得以成立道德的信仰。所以，在康德的哲學之中，「道德的形上學」之前述體系並未能充分地達成。可是，如果「道德的形上學」真能充分做的成，則此種道德的形上學即是道德的神學，兩者合一，二者是一套人而神和內在超越之路，並無分別的兩套。可以說，康德之後的德意志觀念論的發展即向此依道德的形上學（自由的形上學）之路而趨。牟宗三認為，而宋明儒學卻將此「道德的形上學」加以闡釋，在宋明儒之天道性命相貫通之「成德之教」之中，此「道德的形上學」和「道德的神學」兩者是一。爲了詮釋上的方便，吾人可依據康德之意志自由、物自身、以及自由與自然之合一，而規定出一個「道德的形上學」，並借用此一體系來闡明宋明新儒家之「心性之學」。因此，可以說，宋明儒之「道德哲學」正函一「道德的形上學」之完成，使宋明儒六百年所講者在哲學的系統地位得到闡明，亦即，將宋明儒之「道德哲學」之天道性命相貫通之說理解爲一套「道德的形上學」。❿

---

❿ 牟宗三，《心體與性體》第一冊，頁9-11。牟宗三說，「由『成德之教』而來的『道德底哲學』既必含本體與功夫之兩面，而且在實踐中有限即通無

3.關於牟宗三所論的康德未能建立「道德的形上學」 之批判反思

我們在此節中，由牟宗三所區分的道德性三義，來論列牟宗三 的康德批判以及康德的道德哲學之走向道德的形上學的建立的進一

限，故其在本體一面所反省澈至之本體，及本心性體，必須是絕對的普遍 者，是所謂『體物而不可遺』之無外者，頓時即須普而爲『妙萬物而爲言』 者，不但只是吾人道德實踐之本體（根據），且亦須是宇宙生化之本體， 一切存在之本體（根據）。此是由仁心之無外而說者，因而亦是『仁心無 外』所必然函其是如此者。不但只是『仁心無外』之理上如此，而且由『肫 肫其仁，淵淵其淵，浩浩其天』之聖證之示範亦可驗其如此。有此一步澈 至與驗證，此一『道德底哲學』即函一『道德的形上學』。此與『道德之 （底）形上學』並不相同。此後者重點在道德，即重在說明道德之先驗本 性。而前者重點則在形上學，乃涉及一切存在而爲言者。故應含有一些『本 體論的陳述』與『宇宙論的陳述』，或綜曰『本體宇宙論的陳述』（onto-cosmological statements）。……康德建立起一個『道德的神學』（Moral theology），但並無『道德的形上學』一詞。但雖無此詞，並卻非無此學之 實。他由意志之自由自律來接近『物自身』（thing in itself），並由美學判 斷來溝通道德界與自然界（存在界）。吾人以爲此一套規畫即是一『道德 的形上學』之內容。但他只成立一個『道德的神學』，卻並未成立一個『道 德的形上學』。……康德所規畫的屬於『道德的形上學』之一套並未能充 分做的成。……如果「道德的形上學」眞能充分做的成，則此形上學即是 神學，兩者合一，仍只是一套，並無兩套。康德後的發展即向此而趨。而 宋明儒學卻正是將此「道德的形上學」充分地做得出者。故在宋明儒，此 『道德的形上學』即是其『成德之教』下相應其『道德的宗教』之『道德 的神學』。此兩者是一，除此『道德的形上學』外，並無另一套『道德的 神學』之可言。但吾人亦同樣可依據康德之意志自由、物自身、以及道德 界與自然界之合一，而規定出一個『道德的形上學』，而說宋明儒之『心 性之學』若用今語言之，其爲『道德哲學』正函一『道德的形上學』之充 分完成，使宋明儒六百年所講者有一今語學術上更爲清楚而確定之定位。」

步的可能性。簡言之，牟宗三首先以儒家的道德哲學所論的道德性三義作爲道德哲學和道德的形上學的基本環節，牟宗三認爲康德的道德哲學和道德底形上學雖然只限於道德性的第一義，但是康德對於德行優先性的強調及對於自由意志的特解，則使康德的道德的神學具有開放向道德的形上學的建立的可能性。

　　牟宗三論道德性三義及對康德的批判：牟宗三以道德性的嚴整義、宇宙本體義和存在歷史義論述了道德性之三義，依此而論述了儒家的道德的形上學，並批判反省了康德的道德底形上學，牟宗三對此三義的討論是一個貫穿於儒家哲學和康德哲學、德意志觀念論哲學的討論，對於儒家的道德的形上學的重檢和進一步的開展以及東西比較哲學的發展具有重大意義。關於牟宗三此論與東西比較哲學的關係，本文論述於下一節中，此處且就牟宗三所論的道德性三義與對康德的重檢，加以論述。

　　依牟宗三所論述的原文，儒家「踐仁盡性」之教已「達至具體清澈精誠怛惻之圓而神之境」。關於此中的道德之三義，第一義爲「道德性當身之嚴整而純粹的意義」，第二義爲「同時亦充其極，因宇宙的情懷，而達至其形而上的意義」，第三義爲「在踐仁盡性之功夫中而爲具體的表現，自函凡道德的決斷皆是存在的、具有歷史性的、獨一無二的決斷，亦是異地則皆然的決斷」。⓫簡言之，

⓫　牟宗三，《心體與性體》第一冊，頁116-117。牟宗三說，「我說宋明儒之大宗把那德性之當然滲透至充其極而達至具體清澈精誠怛惻之圓而神，並不是無義理指謂的憑空贊嘆之詞，乃是（1）他們皆能共契先秦儒家之原始智慧之所開發而依之爲矩矱，即是說，那『達至具體清澈精誠怛惻之圓而神之境』原是先秦儒家『踐仁盡性』之教所已至，也是聖人『通體是仁

在此道德性之三義中，第一義是就其嚴整性而言，第二義是就其宇宙論的本體學的理念的呈現而言，第三義則就其為歷史性的和存在性的而言。

復次，在此三義中，第一義即融攝康德《道德底形上學的基礎》的論述。康德的「道德底形上學」所做的工作是集中在此道德性三義之第一義，康德的「道德神學」雖也及於道德性之第二義和第三義，但是所成就的是「道德神學」，而非「道德的形上學」。在康德的「道德神學」當中，首先，自由是道德法則的存在根據，亦即，道德法則的呈現於內心預設了意志自由（涉及上述第一義），其次，道德法則必然要求最高善的實現，最高善要求德福一致，最高善的實現預設了上帝的存在和靈魂的不朽（涉及上述第二義），在此，實踐理性的理念是理性的設準，亦即，理念作為必然的表象而呈現給理性，德福一致經由此一呈現而一方面在理性表象中的地上天國得以實現，二方面要求通過一個存在情境的歷史實踐時得以在人間漸漸地實現此一理念（涉及上述第三義）。

另一方面，就孔子的「踐仁盡性」而說，孔子是依其具體清澈精誠悱惻的襟懷，在具體的存在情境與歷史性的生活上，做具體渾

心德慧』之所已函，他們不過能冥契此玄微，承接之並多方闡發之而已耳。

（2）這『具體清澈精誠悱惻之圓而神之境』，如果想把它拆開而明其義理之實指，便是在形而上（本體宇宙論）方面與在道德方面都是根據踐仁盡性，或更具體一點說，都是對應一個聖者的生命或人格而一起頓時即接觸到道德性當身之嚴整而純粹的意義（此是第一義），同時亦充其極，因宇宙的情懷，而達至其形而上的意義（此是第二義），復同時即在踐仁盡性之功夫中而為具體的表現，自函凡道德的決斷皆是存在的、具有歷史性的、獨一無二的決斷，亦是異地則皆然的決斷（此是第三義）。」

淪的指點與啓發，貫通於上述道德性之三義，貫通於道德性的嚴整義、宇宙本體義和存在歷史義。❷孔子的「踐仁盡性」是以內在而超越的方式完成於這裡所說的道德性的三義，而康德的道德神學則是以外在而超越的方式來完成此三義。

牟宗三依此對康德的「道德底形上學」提出其批判：

> 故康德說：「一個絕對善的意志，（其原則必須是一定然命令）」，在關於一切對象上將是不決定的，而且將只包含著一般說的決意之形式」。這「形式」就是它的「定然命令」所表示的……他的辯解路數可以簡單地這樣列出，即：他〔康德〕由道德法則普遍性與必然性逼至意志底自律，由意志底自律逼至意志自由底假定。❸
>
> 不幸地是他視「意志自由」爲一假定，爲一「設準」。至於這設準本身如何可能，他的「絕對必然性」如何可能，這不是人類理性所能解答的，亦不是我們的理性知識所能及的。（這點下節詳論）。這樣，意志自律也只成了空說，即只是理當如此。……由道德法則底普遍性與必然性逼至意志底自律，至此爲止所說的一切都只是分析的，你可以說這只是理上應當如此，只是一套空理論，但由意志底自律逼至「意志自由爲一設準」，這已進到批判考察底範圍，即在批判考察中要建立這設準，這似乎不只是那屬於分析之「理上應當如此」。❹……

---

❷　牟宗三，《心體與性體》第一冊，頁117。
❸　牟宗三，《心體與性體》第一冊，頁132。
❹　牟宗三，《心體與性體》第一冊，頁133。

《道德底形上學之基本原理》〔按：即《道德底形上學的基礎》一書〕以前兩節「分析的」爲主文，以第三節「批判的」爲《實踐理性批判》一書做準備。由這區別，我們可知康德對於自律與自由的想法是有步驟上的不同的。自律是在「分析的」講法中被建立，即康德所説「只是因著那普遍被接受的道德觀念之發展而展示出意志之自律性是不可免地與它（道德命令）相連結」。而「自由」則是在「批判的」講法中被假定。❺

但是，牟宗三認爲康德並不能建立「道德的形上學」，牟宗三認爲在儒家的道德哲學的道德性之三義中，康德的《道德底形上學的基礎》只及於其第一義，只及於「道德當身之嚴整而純粹的意義」。首先，牟宗三説：

> 以上我們説明了儒家根據踐仁盡性頓時即接觸到了「道德當身之嚴整而純粹的意義」這第一義，並以爲已融攝了康德的《道德底形上學之基本原理》中所説的一切。但我們前面亦屢提到儒家不只頓時接觸到了這第一義，同時還充其極而至第二義與第三義。……我看他的系統之最後的圓熟的歸宿當該是聖人的具體清澈精誠惻之圓而神之境。他的分解工作之功績是不可泯滅的。由他開始，經過費希特、黑格爾，已至謝林這發展的傳統，即已表示出這趨勢，雖然有許多生硬不妥貼處，還待繼續陶濾與融化。

---

❺　牟宗三，《心體與性體》第一冊，頁134。

但是，康德只自限於形式的道德法則的闡釋，自限於作爲形式主義的倫理學的自律倫理學，而對於作爲道德法則之自我立法的存在根據的意志自由並未進一步去深論，並未回答道德法則如何引生實踐之興趣與理性如何能是實踐的問題，並未肯定此一自由因果性之能開顯道德目的論的宇宙，亦即，用牟宗三的話，康德的自律倫理學並未能及於「同時亦充其極，因宇宙的情懷，而達至其形而上的意義」的儒家的天道性命相貫通之道德性之第二義。

> 康德之達不到第二義的境界（即「同時亦充其極，因宇宙的情懷，而達至其形而上的意義」這第二義），具體地說出來，即在他只有《道德底形上學之基本原理》（Fundamental principles of the metaphysic of morals）與《實踐理性批判》所建立的「道德的神學」（moral theology），而卻無（至少未充分實現）根據其分解建立的道德理性所先驗供給的客觀的道德法則再進一步展現出一個具體而圓熟的「道德的形上學」（Moral metaphysics）。「道德底形上學」與「道德的形上學」這兩個名稱是不同的。❶⑥……前者是關於「道德」的一種形上學的研究，以形上地討道德本身之基本原理爲主，其所研究的題材是道德，而不是「形上學」本身，形上學是借用。後者則以形上學本身爲主，（包含本體論與宇宙論），而從「道德的進路」入，故曰「道德的形上學」，亦猶之乎康德由實踐理性而接近上帝與靈魂不滅而建立其客觀妥實性，因而就神學

---

⑯　牟宗三，《心體與性體》第一冊，頁140。

言，即名曰「道德的神學」。但康德只就其宗教的傳統而建立「道德的神學」，卻未能四無傍依地就其所形式地透顯的實踐理性而充分展現一具體的「道德的形上學」。

這個問題底關鍵是在：

他所分解表現並且批判表現的實踐理性只是形式地建立，一方未能本著一種宇宙的情懷而透至其形而上的、宇宙論的意義，一方亦未能從功夫上著重其「如何體現」這種真正實踐的意義，即所謂「踐仁盡性」的實踐功夫，因而其實踐理性、意志自由所自律的無上命令只在抽象的理上的當然狀態中，而未能正視其「當下呈現」而亦仍是「照體獨立」的具體狀態。依儒家說，無論是「堯舜性之」，或「湯武反之」，無論是「即本體便是功夫」，或「即功夫便是本體」，這無上命令，因而連帶著發這無上命令的自由自主自律之意志、心性，都是隨時在其具體呈現的。然而這境界，康德未能至。此即是人們所以常稱之曰形式主義之故。（形式主義是第一步，並不錯，只是不盡）。❶

牟宗三認為康德的道德哲學和道德底形上學雖然只限於道德性的第一義，而對於第二義第三義並沒有足夠恰當的相應於道德的形上學的論述，但是牟宗三也認為，康德「只就其宗教的傳統而建立『道德的神學』，卻未能四無傍依地就其所形式地透顯的實踐理性

---

❶　牟宗三，《心體與性體》第一冊，頁140-141。

而充分展現一具體的『道德的形上學』」⓲。但是，在康德對意志自由的特義與「道德的神學」的闡明中，也包含了許多與新儒家哲學的「道德的形上學」的進一步會通的洞見，在論述道德目的論與理性最後目的的表象和實現之時，康德對於意志自由與本體論宇宙論的終極實體就德行優先性的立場做出了進一步的討論，康德在此對於德行優先性的強調及對於自由意志的特解，則使康德的道德的神學有開放向道德的形上學的建立的可能性。

4.牟宗三的一心開二門與其康德批判的重檢

前述論述了康德的道德神學及其相關的課題與康德的道德的神學和牟宗三的康德詮釋，在此小節中，我解釋在康德哲學及德意志觀念論的體系哲學中，牟所論的一心開二門的道德的形上學本來就有較牟所設想的更大的開展空間，其實，雖然牟也標舉了黑格爾哲學的辯證的綜合的重要性，然而牟的道德的形上學更像是一種費希特式的和謝林哲學式的觀念論詮釋，就德意志觀念論的後續發展而言，康德哲學的進一步發展卻不一定要向費希特和謝林而趨，也可以以第三批判為中心，而向黑格爾哲學而趨，此中所涉及的課題是我下文所說的黑格爾的「認知的絕對」和謝林的「絕對的認知」的關於智的直覺的不同的了解的對比，以及黑格爾對於費希特的反思的主體主義的批判。

⓲ 牟宗三，《心體與性體》第一冊，頁140。

4.1 牟宗三論現象與物自身的區分及其康德批判

牟宗三的前述論述最後走向「一心開二門」的「二層存有學」的建構，並以他自己的方式會通了康德哲學與中國哲學。牟宗三在《現象與物自身》第三章〈展露本體界的實體之道路〉指出康德未能開出一心開二門，是因為未能正視自由為呈現，未能開出「展露本體界的實體之道路」，牟宗三指出下列三點，(1)康德「並未於自由自律的意志點出『心』字，他只視為理性」[19]，康德將意志自律理解為形式性的道德法則之立法，而未進一步剖析道德主體的動力（Triebfeder）的問題。(2)康德只承認對無條件的道德法則之意識為「理性的事實」，而未承認自由是理性的事實[20]，在康德哲學當中，「意志自由不是可以感觸地直覺的，而我們又無智的直覺以覺之，是則它只是一消極的概念，不是一積極的概念。那就是說，它只是一設準，一只有主觀必然性的設定，順理性底事實而主觀地邏輯地逼到的，不能成為一客觀的肯斷」[21]。(3)有限存有的意志不是神聖的意志，其格準「很可能與道德法則相衝突。即由於這一可能，遂使它縱然是純粹的，自由自律的，而其為自由亦不穩定」[22]。

總之，牟宗三認為，康德哲學論述了現象與物自身的區分，此區分為主觀的區分，又認為人類的主體不能有智的直覺以契入物自身，所以康德的超越的觀念論只具消極的意義，亦即，超出感性直

---

[19] 牟宗三，《現象與物自身》，1975，臺北，頁71。

[20] 牟宗三，《現象與物自身》，1975，臺北，頁73。

[21] 牟宗三，《現象與物自身》，1975，臺北，頁74。

[22] 牟宗三，《現象與物自身》，1975，臺北，頁75。

覺之外的世界是虛無,所以康德雖然提出了現象與物自身的區分,近於生滅門與真如門在一心當中的區分,但是康德所述者並不能真正是一心開二門,因為康德對真如門作呈現並無真正的肯定,康德對一心之本體界亦無實質的依於智的直覺而有之描述。雖然,康德在意志自由的相關論述當中,涉及了自由理念在意識當中的呈現與其對世界的決定的相關課題,趨近了一心開二門的思想模型,但是,牟宗三認為就此論述而言,康德並未開出一心開二門。就此點而言,牟宗三在《中國哲學十九講》就「一心開二門」與「道德行動通於物自身和現象的兩重世界」的問題指出,康德哲學中缺乏由良知和清淨心直接發動行動之一義,「行動若直接由良知、本心或自性清淨心發動,則在良知、本心與自性清淨心面前,它就不是現象的身份,它本身即是物自身的身份」,但是「依康德的說法,一下就把行動說成是現象,如此就把行動定死了」,從牟宗三所詮釋的「一心開二門」的格局而言,行動是通於物自身和現象的兩重世界,並非定死在現象世界,❷此中「對著良知、本心或自性清淨心直接呈現的,是事事物物之在其自己;而當它面對感性與知性主體時,則轉成現象」❷。在牟宗三所詮釋的東方哲學的「一心開二門」的格

---

❷　牟宗三,《中國哲學十九講》,頁305。「依『一心開二門』的格局而言,行動不只是現象。行動若直接由良知、本心或自性清淨心發動,則在良知、本心與自性清淨心面前,它就不是現象的身份,它本身即是物自身的身份。依康德的說法,一下就把行動說成是現象,如此就把行動定死了。康德在實踐理性批判中曾說過,面對上帝是沒有現象的;因為上帝指創造『物自身』,而不創造『現象』。……透過這種分辨,我們才能瞭解康德所說的現象(此『現象』不同於通常所說的現象)與物自身的意義。」

❷　牟宗三,《中國哲學十九講》,頁308。

局當中，良知和清淨心所發動的行動，就其依據道德法則並創始現象的新系列而言，此一自由意志所發動的依據道德法則而決定的行動具有一「自由的因果性」，這是道德自我的主體能動性。而此一主體能動性所產生的行為即落入現象世界，就此自由的因果性所產生的結果而言是屬於現象世界，這些現象可以透過時空形式來表象和經由範疇來決定，它們是屬於「自然因果性」所決定的，主體能動性在此復透過自然因果性的操作來善成行動的結果。簡言之，從牟宗三所詮釋的「一心開二門」的格局而言，自由因果性和自然因果性都是由良知和清淨心一根而發，首先是主體能動性的自由因果性的行動本身，其次則是作爲行動的結果而落入現象世界，從而以自然因果性來善成行動的結果，這種兩個面向的呈現，牟宗三認爲是合於佛教所說的「一心開二門」的思想模式，牟宗三將康德所說的自由因果性和自然因果性的相關論述，用「一心開二門」來重新理解，良知的道德法則之自律是自由因果性，是開眞如門，良知在自然因果性中自我坎陷，則是開生滅門，自由因果性的眞如門和自然因果性的生滅門，皆是一心所開。

4.2 牟宗三的一心開二門的康德批判的原典根據及相關論述

牟宗三基於「一心開二門」的思想模型，從而以下列兩點批判了康德哲學：⑴道德法則與意志決定的問題：因爲康德對心講的不夠，對道德本心的能動性講的不夠，未能正視道德情感的先天實質與自我引生的主動性的課題，而認爲道德情感屬於感性層，⑵良知呈現的問題：康德又認爲，就物自身看的行動主體和與此相關的意

志自由的絕對自發性而言，人類並沒有智的直覺，因此，自由因果性和良知並不是一個呈現，而只是一個必然的假設。牟宗三的這兩點論述，有下列康德原典爲其根據。

就第一點（道德法則與意志決定的問題）而言，康德在《實踐理性批判》的第一部第三章〈純粹實踐理性底動力〉中指出：

> 關於「一個法則如何直接地而且即以其自身即能是意志之一決定原則」這問題，這對於人類的理性而言是一不可解的問題，而且與「一自由意志如何是可能的」這問題爲同一❷❺

就第二點（良知呈現的問題）而言，康德在《實踐理性批判》的第一部第三章〈純粹實踐理性底動力〉中指出：

> 我們所叫做「良心」的那個奇異機能底判決完全與這相契合……理性總是道德地把這同一情感連繫於這事件上……因爲在涉及生命底存在之超感觸的意識（即自由之意識）……只應依照自由底絕對自發性而被判斷……事實上，如果我們對於這同一主體眞能有一進一步的瞥見，即是說，眞能有一智的直覺，則我們一定可以覺察到：在涉及一切那「有關於道德法則」的東西中，這全部的現象鎖鍊是依靠於當作一物自身看的主體的自發性上的……❷❻

此中，牟宗三採納了一般的康德詮釋，在一般的康德詮釋當中，康德並未充分而明確地闡明良知發動自由因果性的行動本身，並未

---

❷❺　牟宗三譯註，《康德的道德哲學》，頁245。

❷❻　牟宗三譯註，《康德的道德哲學》，頁308-310。

充分而明確地闡明良知之主動的採納道德法則並自我引生道德情感
的主體能動性，自由因果性在康德哲學中主要是指形式性的自我立
法的先驗自由而言，只是就其爲形式性的立法而言，至於其客觀的
道德法則之如何引生主觀的興發力與採納爲行動的格準，則在一般
所理解的康德哲學中，缺乏足夠的說明。牟宗三的這個康德詮釋又
與他判康德爲「一心開一門」以及他想用「一心開二門」的思想模
型來消融康德有關，後文繼續闡述這點。

　　牟宗三以中國哲學的「一心開二門」的思想模式來重新理解良
知本心與自由因果性和自然因果性的問題。他認爲，「良知本心之
一心」開出「自由因果性和自然因果性的二門」，這個「一心開二
門」的創造的詮釋的模式「並未違背康德的說法，相反地，卻足以
消化康德哲學中的不圓滿與不足之處」❷⒎。牟宗三指出：

> 但是若我們要將康德哲學中所說的「設準」（postulate）
> 轉變成「呈現」（presentation），但很可能引起爭論，因
> 爲依康德的哲學系統，是不承認人有當下良知或自性清淨
> 心的。❷⒏

　　簡言之，牟宗三認爲康德以自由意志只爲設準，只是必然的假
設，而非呈現，因此，並非眞能「一心開二門」，而只能「一心開
一門」，牟宗三指出：

> 東方哲學必須肯定「一心開二門」的架構，……這個哲學理

---

❷⒎　牟宗三，《中國哲學十九講》，頁308。
❷⒏　牟宗三，《中國哲學十九講》，頁308。

境的確有進於康德處。㉙

　　牟宗三依此遂得到他的平章「東方哲學的一心開二門」與「康德的現象與物自身的區分」之結論。牟宗三認為：康德雖然提出現象與物自身的區分，並提出三大理念以作為設準，但是康德並不肯定人有智的直覺以直覺物自身，從而物自身只是消極性的界限概念，因此也不能真正完成現象與物自身的區分。相對於此，東方哲學的「一心開二門」的思想架構，一方面，本心開真如門，肯定了對物自身的智的直覺的積極能力，意志的自由的因果性也是一種對於道德的創生實體的智的直覺的創生的能力；二方面，本心也開生滅門，所以法不孤起，不生滅的真如心與生滅的諸法隨時俱成，意志的自由的因果性決定自然的因果性，在道德的實踐當中自由與自然得到統一。

4.3　康德論自由與道德主體性

　　對於牟宗三的上述康德詮釋與康德批判，我認為，若根據康德的《道德底形上學的基礎》（Grundlegung zur Metaphysik der Sitten）和《實踐理性批判》第一部對於意志自由與自律的論述，那麼，牟宗三上述的康德詮釋固然明顯地有其典據與理據。因為，《道德底形上學的基礎》將「自由如何可能的問題劃歸到一切實踐哲學的界限之外」。但是，康德的道德哲學本來就包含了不同的詮釋的可能性，如果是根據康德的更晚的哲學著作，那麼，康德並非完全否定

㉙　牟宗三，《中國哲學十九講》，頁308。

意志自由是一事實，而《判斷力批判》所提出的自由與自然的統一的思想架構可以說已經是一種一心開二門的思想模型。以下分述康德哲學當中關於⑴自由的實在性的問題以及⑵積極自由的內容的問題。

第一，自由的實在性的問題：康德在《判斷力批判》第84節將自由因果性說成是理體（Noumenon）的人的超感性能力⓷，就康德的道德目的論而言，自由因果性的積極自由是一就理體看的人的事實。《判斷力批判》第91節即就此指出，「自由的實在性是一個特殊的因果性」，「可以在經驗中得到驗證」，從而自由是「一切純粹理性的理念中唯一的理念，其對象是事實（deren Gegenstand Tatsache ist），而必須列入可知覺的東西（Scibilia）之內的」⓷。康德繼而指出：自由的實在性可以在經驗中得到驗證，相對於此，在現世中實現的最高善、上帝的存在和靈魂的不朽都是信念的事情（res fidei）；所以，自由因果性是就理體看的人的道德意識中的事實，自由因果性在康德的道德目的論中，提供了意志自律的自我決定的道德法則及其所關涉到的對象（最高善），因此，自由是道德法則的存在根據（ratio essendi，Seinsgrund）⓷，具有實在性，就此而言，

⓷ 康德，《判斷力批判》（Kritik der Urteilskraft）， 1974，Frankfurt am Main，頁394（B 398， A393），「這種存在者就是人，可是是作爲理體看的人，人乃是唯一的自然存在者，從他的獨特性質可以認識到他具有超感性的能力（自由）（einübersinnliches Vermögen （die Freiheit）） 和原因性的法則，以及他自己就是最高目的的對象自身。」

⓷ 康德，《判斷力批判》，頁435（B 457， A 452）。

⓷ 康德，《實踐理性批判》，〈前言〉，頁4之註釋。

自由和其他的實踐理性的理念之僅爲設準和信念有所不同。依康德所說，「自由是道德法則的存在根據，道德法則是自由的認知根據」❸，意志自由具有其實在性，是透過道德法則而直接呈現在意識中，而不僅是一個設準，只作爲必然的假設而爲意識所間接的肯定。❹著名的康德倫理學研究者普勞斯（Gerold Prauss）針對自由的實在性（Wirklichkeit）的問題指出，康德是否只將自由的法則性化約到道德法則，或者也認爲自由是理性事實？此一問題仍然有著詮釋可能的兩面性（noch als Verzweiflungstat von Kant zu werten）；但是明顯的是，對康德而言，不僅道德法則是理性事實，而且因爲「道德法則是自由的認知根據」，因此道德法則是到達具有實在性的自由的通道（über dieses Moralgesetz besitzen wir einen Zugang zur Freiheit als einer Wirklichkeit），而且如果沒有自由的實在性，那麼也不可開顯道德法則❸。因此，自由具有實在性，這個自由的實在性是道德法

---

❸ 康德，《實踐理性批判》，〈前言〉，頁4之註釋。

❹ 關於「自由理念作爲一事實」及其在道德目的論中的含意，參見賴賢宗《康德、費希特和青年黑格爾論倫理神學》，頁76-77。另外，李明輝認爲康德此中的論述「不無突兀」，李明輝雖然也注意到了康德在第三批判「自由理念作爲一事實」的論述，但仍然重視康德在《道德底形上學的基礎》所論的將自由的可能性劃到一切實踐哲學的極限之外，參見李明輝《當代儒學之自我轉化》（臺北，中研院文哲所，1994），第44頁。

❸ 普勞斯（Gerold Prauss），《康德論自由作爲自律》（Kant über Freiheit als Autonomie），Frankfurt am Main，1983，頁67。相關的康德原典爲：Wäre aber keine Freiheit，so würde das moralische Gesetz in uns gar nicht anzutreffen sein. Danach ist das Moralgesetz der einzige Erkenntnisgrund für unsere Freiheit，die "ratio cognoscendi" derselben，und zwar in dem prägnanten Sinn，da β umgekehrt auch nur die Wirklichkeit oder das Sein dieser Freiheit den Seinsgrund für das Moralgesetz bilde，die "ratio essendi" desselben，見康德，《實踐理性批判》，〈前言〉，頁4之註釋。

則的存在根據。這樣的理性事實具有先天性（das Apriorisches）是一種「先天的事實性」（apriorisches Faktum），是不可推導的非事物（etwas Unabgleites，ein Unding）；可以理解，就自由是不可推導的非事物而言，就自由的實在性導引向其他的與神聖的密秘相關的理念（上帝存在與靈魂不死）而言，康德在《單在理性界限內的宗教》也指出自由導引向「神聖的密秘」。❸❻康德在此指出「此一自由就其運用於實踐理性的最後對象，運用至道德的最後目的的理念的實現的時候，我們不可避免地導引向神聖的密秘」❸❼，因此，可以知道，這裡說明的並非是道德法則是意志的決定根據，不是指此意義下的先驗自由而言；而是指理性在做實踐的運用之時，意志的決定以最高善的實現爲其最後目，是指此一意義下的實踐自由而言。因此，自由的實在性是不可推導的非事物，它導引向其他的與神聖的密秘相關的理念，它在實踐的領域有其實在性，後者作爲理性的必然表象是設準，只是間接地有其實在性。對於自由有其實在性的上述論理過程，著名倫理學家的克林斯（Hermann Krings）也曾論之甚詳❸❽。簡言之，一方面康德所謂的理性的事實是就道德法則的決定

---

❸❻ 康德，《單在理性界限內的宗教》，頁155（漢堡，Meiner 版，1990，「善的原則戰勝罪惡」一節之註釋 Allgemeine Anmerkung）。康德說：So ist die Freiheit，eine Eigenschaft……der unsunerforschliche Grund dieser Eigenschaft aber ist ein Geheimnis；weil er uns zur Erkenntnis nicht gegeben ist……uns unvermeidlich auf heilige Geheimnisse führt（因此，自由是一特性……此特性的對吾人不可究詰的基礎是一個密秘；因爲它並不給予給我們的認知……我們不可避免地導引向神聖的密秘）。

❸❼ 康德，《單在理性界限內的宗教》，頁155（漢堡，Meiner版，1990）。

❸❽ 克林斯（Hermann Krings），《體系與自由》（System und Freiheit），Freiburg und München，1980，頁166-177。

意志而言，二方面就道德法則在意志決定之時是以理性的最後目的的實現為其必然對象，而這正是相對於先驗自由（道德法則的自我立法）而言的實踐自由，實踐自由既然以理性的最後目的的實現為其必然對象，有就有其道德法則自我立法之外的實在性，因此自由在實踐的領域有其實在性。這樣的自由的實在性與理性的必然對象的論述，也引出了關於自由積極的內容的進一步說明的必要，我繼續論述於下。

第二，積極自由的內容：康德在《實踐理性批判》第一部份第八節分列積極自由與消極自由，以意志的形式的自我立法為積極自由，但是對積極自由的內涵除了以經由道德法則的意志決定來說明之外，在此未有超出形式主義的倫理學之外的進一步說明。而康德在《單在理性界限內的宗教》、《道德底形上學》進一步指出Gesinnung（存心）的特解，闡釋了意念自由的問題，在此，Gesinnung是「格準採納的最後的主觀根基」，而且自由已被具備在此一主體之根基中，在道德行動中之格準之採納之能力，亦即，形式的道德法則的採納成為主觀格準的採納能力，乃是自由意念的性能之一，又，道德情感的自我引生在此也是自由意念的性能之一。❸所以，自由的理念在此是一「呈現」，呈現為「採納」（Annehmung）（道德格準之採納）和「引生」（Bewirkung）（道德情感之引生），亦即，「自由理念之呈現」透過「自由意念」一語而為「道德法則的採納成為格

---

❸ 康德，《單在理性界限內的宗教》，頁31（KAT，VI冊）、頁679（IKW，VIII冊）；B26，A23；《道德底形上學》頁212-214（KAT，Band VI）；頁318（IKW，VIII）；AB6-7；又見，頁226，332-333。

準」和「道德情感的自我引生」的內容規定，而此種呈現的機能是
自由意念的性能，亦即，是人類的存心所具有的向善的稟賦。**⑩**關
於本文對Gesinnung的闡釋，部份地可以見於著名的康德倫理學家阿
里森（Henry E. Allison）的相關研究之中**⑪**。底下，分別引康德的相
關原典而申論「意念之自由」為「採納」（道德格準之採納）和「引生」
（道德情感之引生）之自由能力：

(1)「意念之自由」為「採納」（道德格準之採納）之自由能力：康
德在《單在理性界限內的宗教》說：

> 意念的自由（die Freiheit der Willkür）有一完全特殊的性能，
> 亦即，除非人已經接納了意念的自由在它的格準中，意念的
> 自由就不能經由動力（Triebfeder）而可以決定行為（做出普遍
> 的規則，人將依此而行動），僅只如此，一動機才能與意念的絕
> 對自發性（自由）（absolute Spontaneität der Willkür（Freiheit））
> 共同存在。在理性的判斷中，道德法則本身就是動力，而人
> 將之在格準中做出，就是道德地善的。**⑫**

---

⑩ 參見Shen-chon Lai（賴賢宗），Gesinnung und Normenbegründung（《存心
與規範證立》），1998，München，頁31-35。

⑪ 阿里森（Henry E. Allison），《康德的自由理論》（Kant's theory of Freedom），
〈意志、意念與存心〉（Wille，Willkür, and Gesinnung）一章，Cambridge，
1990，頁 129-145。

⑫ 康德，《單在理性界限內的宗教》，頁31（KAT，VI冊），頁679 （IKW，
VIII冊）；B26，A23。此處之「在理性的判斷中，道德法則本身就是動力，
而人將之在格準中做出，就是道德地善的」的德文為Allein das moralisch
Gesetz ist fuer sich selbst，im Urteile der Vernunft， Triebfeder， und，wer es
zu seiner Maxime macht，ist moralisch gut.

　　據此，則康德在此認為「道德法則本身就是動力」，相對於《實踐理性批判》認為「客觀的道德法則本身如何同時就是主觀的動機」是對人類理性不可知的見解，康德在此肯定了自由意念的積極自由，此中包含了a.意念自由是格準採納的能力和b.意念自由是絕對自發性的主體動力的二個內容規定。

　　就a點而言，意念自由是格準採納的能力：自由是意念的特殊性能，自由在此是指意念主動採納道德法則而形成格準的自由能力，此一採納的格準形成能力是屬於意念，那麼，相對於《實踐理性批判》、《道德底形上學的基礎》以意志的自我訂定道德法則為意志之自由，以形式的普遍性的道德法則來規定意志自由；自由在《單在理性界限內的宗教》的此處引文則是指意念的自由而言，意念之自由不僅是就形式性的道德法則的立法而言，更是就意念採納道德法則之而形成主觀格準而言。這個詮釋角度強調了康德倫理學是一種「格準倫理學」（Maximesethik）。例如：尼斯特思（Thomsa Nisters）在其《康德的定言令式作為人類實踐的引導》指出：將康德的存心倫理學解釋為一種缺乏世界的內在性的理論，這是種常見的誤解[43]；道德行動中的對於定言令式的意識已經預設了格準的存在，而格準則是指向情境與生活領域[44]。

　　就b點而言，意念自由是絕對自發性的主體動力，相對於《實踐

---

[43]　尼斯特思（Thomas Nisters），《康德的定言令式作為人類實踐的引導》（Kants kategorischer Imperativ als Leitfaden humaner Praxis），Freiburg / München，頁152。

[44]　尼斯特思，《康德的定言令式作為人類實踐的引導》，頁94；關於康德的自律是在格準倫理學的範圍內討論，參見參見Shen-chon Lai（賴賢宗），Gesinnung und Normenbegründung（《存心與規範證立》），頁135-136的討論。

理性批判》以意志的自律和意念的他律爲對立的概念，以意志的形式性的客觀的道德法則的立法與意念的主觀的動機爲對立的概念，在《單在理性界限內的宗教》的此處引文當中，意念是絕對自發性的主體動力（Triebfeder），意念在此是「絕對自發」的，因爲就意念在採納道德法則而形成主觀的道德格準而言，此爲主觀格準是以道德法則爲決定根據，所以是「絕對」的，此一道德法則被意念採納而成爲主觀的行爲格準是主動的和從自身呈現的，所以是「自發」的。

(2)「意念之自由」爲「引生」（道德情感之引生）之自由能力：《道德底形上學的基礎》即曾指出「當尊敬是道德情感之時，道德情感不是經由外在影響而接受到，而是由理性概念而自我引生的」❹，道德情感的引生是由道德法則而自我引生的。又，「〔道德法則是理智因果性的形式〕它是積極情感的根據，此情感不來自經驗的根源……尊敬法則這個情感只能被先天地理解，因此是一個智性的原因產生的情感」。在上述的兩處引文當中，雖已論述道德情感是由道德法則所自我引生的，因此是一種先天的情感，但是尚未論及道德情感與自由意念與存心的關係，雖已論及道德情感的先天性，但尚未論及其先天實質性，尚未論及道德情感爲自由意念所引生，而同時屬於智思界和感性界，屬於這兩個世界的結合，康德在《單在理性界限內的宗教》就此指出下列各點：

首先，康德指出「意念的決定」和「決定的根據〔道德法則〕」之連結並不在時間之內，康德在此說「產生其結果的意念的決定

---

❹　康德，《道德底形上學的基礎》，頁401。

和其決定根據的連結並不在時間中，而是在理性的表象中有其連結」❻，下述引文更指出此連接是存在於人的存心之中。

其次，康德指出「存心是格準採納的首要主觀根基，它只能是單一的，而普遍地運用在自由的完整運用中」❼，存心是格準採納的首要主觀根基，此處用首要主觀根基來定義存心，由此逼出康德所說的人格（Personlichkeit）的概念，康德就此人格的善的秉賦進而言之：「人格的秉賦是道德法則的尊敬的情感性，是自我滿足的意念的動力……自由意念已將道德情感採納到它的格準中，這樣的意念的性能是善的」❽，據此吾人可以說道德情感的動力是自由意念的性能之一。

因此，既然存心是「意念的決定」和「智思界的道德法則」的連結之處，是智思界與感性界的連接之處，康德就此「連結」而成立「自由意念」一概念，所以，「自由意念」同時屬於智思界與感性界。復次，人類的存心具有向善的秉賦從而在採納格準的時候能自我引生道德情感，因此，「採納」和「引生」是「自由意念」的性能，可視之積極自由的兩個基本成素。

現在，這兩個積極自由的基本成素（「採納」和「引生」）不再是意念與意志之二分格局下的自由，而是同時統屬於智思界和感官界。就自由意念的自我引生道德情感而言，自由意念同時屬於智思界和感性界，可以說感性界的意念與智思界的道德法則的結合是「結合」於自

---

❻ 康德，《單在理性界限內的宗教》，頁40，節名〈論人性中惡的根源〉。

❼ 康德，《單在理性界限內的宗教》，頁671-672（IKW，VIII冊）；A12，B14。

❽ 康德，《單在理性界限內的宗教》，頁674（IKW，VIII冊），A16 B18；第一部份第一節，節名〈論人性中的向善的根源秉賦〉。

由意念和道德人格的存心當中，筆者以爲：這合於「一心開二門」的
思想模型，人格的善的秉賦的存心一方面採納法則而形成格準，使性
理成爲具體的理，開出「眞如門」；二方面，人格的善的秉賦的存心
能自我引生道德情感，通到感官界，開出「生滅門」。又，筆者認爲，
此中的「一心」是「一念心」，是同時統屬感官界與智思界的自由意
念和存心，它不是單純的無限心，因爲若然則一心只是智思界的，「一
念心」是「即有限即無限」的「一念心」，此「即有限即無限」是指
一念心圓具辯證的三法的思想模型而言。就此處的討論而言，此處的
三法是自由意念、道德法則和道德情感三者而言，如果比較於宋明儒
學則指心性情三者（如朱子所論心統性情）而言。

　　所以，就以上的兩點分析而言，若依於康德的晚期哲學的《判
斷力批判》、《單在理性界限內的宗教》和《道德底形上學》，則
前述的兩點牟宗三的康德詮釋皆未精確地考慮到其他的可能性。因
爲，在此，在康德的道德目的論當中，即在以此爲視點的存心倫理
學當中，如前所述，康德的自由理念並非全然只是設準而非呈現，
康德並非全然將道德情感限制於感性層，康德並非完全認爲良知本
心不能直接發動行動，康德哲學因而並非全然是如牟先生所說的一
心開一門，康德哲學的詮釋也可以是一心開二門，從而向圓教的思
想模型而趨近。康德倫理學的目的論面向的強調和作爲程序倫理學
的康德倫理學有其思想上的親緣性，舉例而言：歐尼爾（Onora
O'Neill）的《理性的建構》和《德性與正義》❹、賀弗爾（O. H ffe）

---

❹　歐尼爾（O'Neill）的《理性的建構》（Constructions of reason）（Cambridge，
　　1989）和《德性與正義》（Tugend und Gerechtigkeit）（Berlin，1996）；

的《定言法律原理》（Kategorische Rechtsprinzipien）、魏爾莫
（A.Wellmer）的《倫理學與對話》（Ethik und Dialog）❺⓿及席爾博
（J.R. Silber）的〈康德倫理學的程序形式主義〉❺❶，都以不同的方
式，對康德倫理學採取了非狹義的存心倫理學和非形式主義的倫理
學的詮釋，而是強調康德倫理學的目的論面向，或往程序倫理學的
方向詮釋。

　　兩種康德倫理學的詮釋模型的比較❺❷，依前所述，示其綱要如下：

康德哲學的道德主體性之分析，詮釋模型I：作為狹義的存心倫

　　也可參見Shen-chon Lai（賴賢宗），Gesinnung und Normenbegründung（《存
　　心與規範證立》），頁138-139。

❺⓿　魏爾莫（Albrecht Wellmer）的《倫理學與對話：康德與言談倫理學中的倫
　　理判斷的諸要素》（Ethik und Dialog. Elemente des moralischen Urteils bei Kant
　　und in der Diskursethik），Frankfurt，1986，第44-45頁指出：從康德倫理學
　　到對話倫理學的過渡已經存在於康德的格準概念之中；參見Shen-chon Lai（賴
　　賢宗），Gesinnung und Normenbegründung 《存心與規範證立》），頁143-
　　145。

❺❶　席爾博（John R. Silber）的〈康德倫理學的程序形式主義〉
　　（Verfahrensformalismus in Kants Ethik），Funke編，Akten des 4. Internationalen
　　Kant-Kongresses， 1975，Teil III，席爾博嘗試闡釋康德倫理學的程序形式
　　主義，主張康德存心倫理學的形式主義必須被理解為程序形式主義，認為
　　必須在判斷力的格準的視點之中，來重新理解康德的定言令式，參見Shen-
　　chon Lai（賴賢宗），Gesinnung und Normenbegründung（《存心與規範證
　　立》），頁142-143。。

❺❷　我區分兩種康德倫理學詮釋：作為狹義的存心倫理學的康德倫理學與作為
　　程序倫理學的康德倫理學，參見Shen-chon Lai（賴賢宗），Gesinnung und
　　Normenbegründung 《存心與規範證立》），頁134-136、139以下的討論。

理學與形式主義倫理學的康德自律倫理學

　　1.根據原典：《道德底形上學的基礎》和《實踐理性批判》第一部的相關原典

　　2.意志自由的問題：對立意志的自律和意念的他律，意志自由在此種二元對立的格局之下，只是形式性的道德法則的自我立法，道德法則如何能夠是主觀的動力在此格局之下對人類而言乃成為不可理解的，從而自由理念只是設準，而非呈現。

　　3.自由意志、道德法則和道德情感三者並不是一心開二門的思想模型。因為康德並未真正說明「心」（真心），人並無智的直覺以開顯心體（做為理體的道德主體），由於人的意志並非神聖的，雖自我訂定道德法則，但不一定會決定道德行為，自由因果性和良知並不是一個呈現，而只是一個必然的假設。

康德哲學的道德主體性之分析，詮釋模型II：作為程序倫理學的康德倫理學與康德倫理學的目的論面向的強調

　　1.根據原典：《判斷力批判》、《單在理性界限內的宗教》和《道德底形上學》的相關原典。

　　2.意志自由的問題：提出「意念之自由」、「自由意念」一概念。「自由意念」突破了前述的意志與意念的二元對立之格局，「自由意念」同時屬於智思界和感性界，具有「採納」（道德格準之採納）和「引生」（道德情感之引生）之兩種自由能力，意志自由就此而言是事實，而不像上帝存在與靈魂不朽二個理念之僅只是設準。

　　3.由於提出自由意念與存心的特解，自由意志的問題轉而為自由意念的課題、從而自由意念、道德法則和道德情感三者是一心開

二門的思想模型。

問題的關鍵是要看所依的康德原典和康德詮釋的理論模型爲何,是依於《道德底形上學的基礎》和《實踐理性批判》第一部之前期的批判哲學,還是依於《判斷力批判》、《單在理性內的宗教》、《道德底形上學》的晚期的批判哲學。在後者當中,自由意念、道德法則和道德情感三者是一心開二門的思想模型。這個詮釋差異並不只是牟宗三個人的康德理解的問題,還涉及下列的康德哲學本身和東西比較哲學的理論課題:

⑴涉及到康德倫理學的基本性格的判定的問題:如果採取上述的詮釋模型I,將道德法則和道德情感分列爲二,則動力的問題缺乏足夠的說明,形式性的道德立法亦有陷入形式主義的倫理學的危機❺❸。若採取詮釋模型II,則道德法則和道德情感結合在存心和自由意念之中,道德活動不失先天實質的實踐領域,則康德的形式主義的倫理學不成爲危機,卻是提供了實質的道德實踐的可普遍化之證立的形式,並銜接到康德的道德目的論,過渡到康德的宗教哲學和政治哲學的相關討論❺❹。在這些問題上,荷弗爾(O. Höffe)重新詮釋了康德的「道德必然導至宗教」的命題❺❺,也指出康德一方面分

---

❺❸ 參見謝勒(M. Scheler),《倫理學中的形式主義與實質價值論理學》(Der Formalismus in derEthik und die materiale Wertethik),Bern und München 1966（第五版）頁 81-83；及 Shen-chon Lai（賴賢宗）,Gesinnung und Normenbegründung（《存心與規範證立》）,頁21-23。

❺❹ 參見Shen-chon Lai（賴賢宗）,Gesinnung und Normenbegründung（《存心與規範證立》）,頁53-55；Lorenzen,Metaphysik als Grenzgang,Hamberg 1991, 27-274,333-336。

❺❺ 賀弗爾（O. Höffe）,Immanuel Kant（《康德》）,1992,München,頁249。

離了「存心」與「法權」，二方面在康德哲學當中，「法律」與「道德」並非對立❺❻。

(2)康德倫理學詮釋的開放系統和封閉系統：如前所述，牟宗三認爲孔子的踐仁盡性之教涉及道德性之三義，第一義是就其嚴整性而言，第二義是就其宇宙論的本體學的理念的呈現而言，第三義則就其爲歷史性的和存在性的而言。在此三義中，牟宗三以《道德底形上學的基礎》的論述爲康德理論之基本，認爲第一義即融攝康德的道德底形上學。而牟宗三認爲康德的「道德神學」雖也及於道德性之第二義和第三義，但是所成就的是「道德神學」，而非「道德的形上學」。牟宗三認爲康德只闡明了形式的道德法則之意志的自我立法，未及闡明主體能動性如何採納客觀的道德法則而自我引生動力，亦因此而未及闡明最高善作爲實踐理性的必然對象是在自由意志的當下呈現中帶有存在性和歷史性。牟宗三的這種康德詮釋將康德的倫理學封閉在道德性的第一義，這是基於《道德底形上學的基礎》的理論模型，自由只是設準因此不能肯定自由之事實性，不能由此開顯道德的形上學的命題，因此不能及於道德性的第二義（就其宇宙論的本體學的理念的呈現而言），又，道德法則之立法只是形式性的道德普遍法則之立法，不涉及到實質的目的，與先天的實質域相隔離，不能及於道德性的第三義（就其爲歷史性的和存在性的而言）。但是，假若我們採取上述的詮釋模型II，那麼康德的倫理學是開放系統，這個開放性，又可分爲下列各點：

---

❺❻　「存心」與「法權」的分離，參見賀弗爾，《康德》，頁172，179-180，212-214；「法律」與「道德」並非對立，參見同書，頁180-181。

a.就自由的開放性而言：由於自由的因果性是一個事實，因之道德的形上學也以道德神學的方式得以實現，在此，康德的道德神學和傳統的神學建立在不同的基礎之上，傳統的神學建立在思辨理性之上，而康德的道德神學是道德的信仰，建立在道德意志的自由因果性的事實性之上，此一事實性提供了一種先驗能力以肯定其他的關於理體世界的信仰的理念的確立，因此，通往宇宙論的本體學的理念的必然假設 ❺❼；再加上不僅道德法則是意志的決定根據（Bestimmungsgrund des reinen Willens），而且最高善是「純粹意志的全部對象」（der ganze Gegenstand einer reinen praktischen Vernunft），意志的自由因果性因此以最高善的實現爲必然的對象❺❽，所以，自由是通向歷史性的和存在性的向度。

b.就道德的形上學的開放性而言： 牟宗三也已指出：內藏於康德的「道德底形上學」的開啓「道德的形上學」的脈動已見於康德之後的費希特、謝林、黑格爾哲學，此一脈動尚待抉擇與釐清，其實，這個脈動已存在於康德哲學本身。只是，康德嚴守批判哲學和先驗哲學的分際，雖已開啓先驗哲學意義下的「道德的形上學」和具歷史性和存在性的「道德目的論」，康德並不進一步將之說成是固定的一套思辨形上學體系。

---

❺❼　賴賢宗，《康德、費希特與青年黑格爾論倫理神學》，臺北，桂冠出版社，1998，頁9-11，44。

❺❽　賴賢宗，《康德、費希特與青年黑格爾論倫理神學》，臺北，桂冠出版社，1998，頁47；關於最高善是純粹實踐理性的全部對象，參見康德，《實踐理性批判》（Kritik der praktischenVernunft）， A197，237；關於道德法則是意志的決定根據，參見同書A197，237-238。

　　c.就當代的康德倫理學的去形上學化而言：阿培爾（Karl-Otto Apel）和哈伯瑪斯（J. Habermas）重新詮釋了康德所說的「理性事實」，以溝通社群的先驗性作爲理性事實❺⑨，自律和道德法則的課題皆在溝通理學的規範證立的新的情境加以檢視，從而要求必須進行倫理學和政治法律哲學的去形上學化，荷弗爾的康德詮釋也要求實踐哲學的「去形上學化」──「沒有形上學的倫理學」（Ethik ohne Metaphysik）❻⓿。姑且不論這些「去形上學化」的構想所可能遭遇的質疑，但是從它們想從形上學的教條脫離出來的要求看來，它們至少顯示了開放的性格。

　　牟宗三區分了儒家的道德的形上學與康德的道德底形上學，並認爲在道德性的三義當中，康德的道德底形上學只能及於其第一義（道德性的嚴整義），而儒家的道德的形上學則能及於第二義和第三義（道德性的宇宙本體義和道德性的存在歷史義）。上文重新檢視康德的道德底形上學的自律倫理學，論述了康德的自由理論與道德主體性理論，由此闡發道德神學和道德目的論的種種意涵，此中並不缺乏上

---

❺⑨　關於言談倫理學對於理性事實的重構，參見阿培爾 （Apel），Transformation der Philosophie，II，頁423，「理性事實與一個語言共同體連繫在一起，它總是在先驗完美的意義上被預設。這種先驗完美性可以被預設，而不能被忽略」，又參見哈伯瑪斯（J. Habermas），Erläuterungen zur Diskursethik （言談倫理學之闡釋）， 頁21；又，阿培爾採取了康德自律倫理學的意涵，而過濾了其道德形上學的形上學成素，見Apel，Transformation der Philosophie，II，頁417-418；相關討論參見賴賢宗，〈阿培爾的言談倫理學中的「理性事實」與其對康德倫理學的批判〉，《思與言》，1997年3月，頁85。

❻⓿　O.Höffe（賀弗爾），Kategorische Rechtsprinzipien（《定言法律原理》），1995，Frankfurt am Main，頁91。

述的道德性的第二義和第三義。由此可見，康德的道德底形上學及相關課題（尤其是後來德意志觀念論的相關發展）和儒家的道德的形上學的相通之處，有著更大的比較研究的空間。

第二節　德意志觀念論與當代新儒家哲學：牟宗三對道德的形上學的進一步發展的前瞻與其論點的未盡之意

1.開出「縱貫橫攝」之系統

牟宗三一方面以縱貫系統為傳統新儒家之主流與正宗，另一方面又指出開展「縱貫橫攝」系統為今日新儒家哲學發展的要務。牟宗三說：「以縱貫系統融化橫攝系統而一之，則是今日之事也」❻。但是可惜的是，牟宗三自己並未具體闡釋此一「縱貫橫攝」體系。在此，牟宗三一方面批判了朱子的橫攝系統，認為朱子所把握到的性體是只存有而不活動，是忽略了即儒家體用論的根本義涵，意即，忽略了存有即活動的性體的道德創生性的根本義涵。二方面，牟宗

---

❻　牟宗三，《心體與性體》，第一冊，頁414。牟宗三說：「以上九人者乃宋明儒學之綱柱。即活動即存有之縱貫系統乃是上承先秦儒家之大宗。通過明道之圓教模式與五峰蕺山之綱維乃能進窺聖人『以仁發明斯道』之『渾無隙縫』（象山語）與「天地氣象」。伊川朱子『只存有而不活動』之橫攝系統是此大宗之岐出，或亦可說是此大動脈中之一『靜』。朱子力敵千軍，獨全盡而貫徹地完成此橫攝系統，此是其所以為偉大。以縱貫系統融化橫攝系統而一之，則是今日之事也。」

三認爲「孔孟立教之直貫型態」是「以直貫橫，非無橫也」，並提出了「以直貫橫，則融而爲一也」的提法❷，從而顯示出他認爲「縱貫橫攝」系統之開出的重要性。因此，可以說，牟宗三在「縱貫縱生」與「橫攝」系統的區分當中，他認爲朱子的橫攝系統對性體的縱貫創生義的把握是有問題的，但牟宗三也看出「縱貫橫攝」之體系的可能性和重要性，可是他並未眞正建構出「縱貫橫攝」的體系。

吾人認爲牟宗三所論的「縱貫橫攝」體系之建構，也就是相當於黑格爾哲學將智的直覺理解成認知的絕對，而非如謝林將之理解成絕對的認知。下文將對此點做進一步的討論。

2.道德的形上學的體用縱橫義與基本思想模型之重省

如前所述，牟宗三以道德性的(1)嚴整義、(2)宇宙本體義和(3)存在性和歷史性之義論述了道德性之三義，並依此論述了儒家的「道德的形上學」，牟宗三也依此從而批判反省了康德的道德底形上學。牟宗三對道德性三義的討論是一個貫穿於儒家哲學和康德哲學、德意志觀念論哲學的討論，對於東西比較哲學的發展具有重大意義。

唐君毅曾論述了由「自律倫理學」發展到「強調能動性的主體

---

❷ 牟宗三，《從陸象山到劉蕺山》，第二章〈象山與朱子的爭辯〉，臺北，1979年初版，頁91。牟宗三說：「〔朱子〕所謂『眾物之表裡精粗無不到，而吾心之全體大用無不明也』，此是認知橫列之型態，本體論的存有之型態，乃靜涵之平鋪也。此是朱子重後天功夫以學聖所特別彰著之橫列型態，而非孔孟立教之直貫型態也。（以直貫橫，非無橫也）……此兩型態顯然有異，但以直貫橫，則融而爲一矣」。

哲學」，再到「絕對的精神」的三個道德哲學環節，此三個環節貫穿於宋明儒與德意志觀念論，是唐君毅哲學突破的基本模型。前述牟宗三所論的道德性之三義與唐君毅所論的道德自我之建立的三義是相合的。

牟宗三認為康德的系統之最後的圓熟的歸宿當該是儒聖的「具體清澈精誠惻怛之圓而神之境」。康德的道德原理的分解雖只闡釋了道德性的第一層義，但是康德的工作之功績是不可泯滅的。因為，康德的道德底形上學的相關闡釋不僅分析地闡釋了道德原理，補足了儒家道德哲學的這方面的缺乏，康德在此也展現了一個通往道德的形上學的道路，由康德開始，經過費希特、謝林和黑格爾的德意志觀念論的傳統，即已表示出這道路的趨勢，牟宗三認為這個德意志觀念論「雖然有許多生硬不妥貼處，還待繼續陶瀘與融化」❻❸。

我在〈唐君毅早期哲學與德意志觀念論〉一文❻❹曾指出：⑴《道德自我之建立》一書的三個主要章節「道德的實踐」、「世界的肯定」和「精神的表現」其思想的深層表現了由「自律倫理學」發展到「強調能動性的主體哲學」，再到「絕對的精神」的三個哲學環節，繼而，這三個思想環節也進一步表現在⑵唐先生對宋明理學三系的哲學史發展的詮釋，和⑶唐先生對德意志觀念論哲學發展的反省，⑴、⑵、⑶這三方面都共同表現了前述的由「自律倫理學」發展到強調「能動性的主體哲學」，再到「精神在世界中的表現」的

---

❻❸　牟宗三，《心體與性體》第一冊，頁139。

❻❹　賴賢宗，〈唐君毅早期哲學與德意志觀念論〉，臺北，1997.7，鵝湖學誌第十八期；此文亦收入本書。

三個哲學環節。唐先生在《道德自我之建立》這樣簡述了他的思想基本模型：「著者思想之來源，在西方則取資於諸理想主義者，如康德、菲希特、黑格爾等爲多，然根本精神則爲東土先哲之教」，我曾以對這個斷言的解釋釐清下列兩點：⑴唐君毅於1935年至1946年所把握的宋明理學三系之內在發展，亦即唐先生所說的自己的思想的「根本精神」，是一個從「朱子的理」到「陽明的心」再到「蕺山船山重視意者心之所存與人文化成」的三個環節的動態發展過程，⑵唐君毅哲學與德意志觀念論的關係，前述之宋明儒學之理心氣的三個環節和德意志觀念論中之理性意識存在的三個環節是互相平行的。這是青年唐君毅的思想的根本突破處，也是唐君毅哲學能作爲東西哲學溝通的橋樑的貢獻所在。

牟宗三所論的道德性三義和唐君毅所論的三個道德哲學的環節的平行比較，可圖示如下：

牟宗三論道德性三義：

⑴道德性的嚴整義。

⑵道德性的宇宙本體義，心之能動性呈現心體，並進而呈現性體。

⑶道德性的存在性和歷史性之義。

唐君毅論道德哲學的三個環節：

⑴康德：自律倫理學，客觀的道德法則的意志的自我立法。

⑵費希特：強調主體的能動性，本原行動（Tathandlung）作爲哲學的第一原理。

⑶黑格爾：主體的能動性達到了絕對精神，具現於歷史性和社

會性當中。

唐君毅論宋明儒學的三個發展環節：

(1)朱子：強調理，強調形式性的道德法則之立法。

(2)陽明：強調心（本心），強調主體的能動性。能動性作爲心性之學的第一原理，心體即是性體，心體的發用肯定了世界的存在，由心體和性體的肯定從而肯定了世界。

(3)船山：強調特殊的氣論，強調「人文化成」的歷史社會總體的精神辯證的面向。

以上的論列可以見出牟宗三所論的道德性三義和唐君毅所論的三個道德哲學的環節的大致上有其平行關係。所不同的是：牟宗三認爲康德哲學只侷限在第一個環節，侷現在對道德的「道德性的嚴整義」的理解之中，侷限在「道德底形上學」，而未及於「道德性的宇宙本體義和存在性歷史性」，未及於「道德的形上學」的建構。而唐氏並未對康德作此批評，且就德意志觀念論的進程，對於道德哲學的進一步意涵作了上述的精神辯證的第三環節的闡明。牟氏則並未進入上述第三環節的論述脈絡，轉而自己另造「道德的形上學」的體系，在此，分判體用縱橫之縱貫系統和橫列系統，闡述自己的關於圓教的殊解。其實，就船山的強調「人文化成」的歷史社會總體的精神辯證的面向而言，包含了縱貫橫攝的道德的形上學的可能性，正如在黑格爾的精神哲學中，對於絕對的認知包含了概念性的環節於其中，實體必將自己開展成主體，縱生的實體具有橫攝的概念認知於其中；因此，實體才不停留在僵固的實體的「同一性」當

中，而成為主體的活生生的概念的「體系」的辯證活動。

　　底下我先就黑格爾對於「同一」與「體系」的對比的研究，及其所分判的謝林的「認知的絕對」和他自己的「絕對的認知」，再在下一節當中，來討論车宗三的道德的形上學當中所蘊含的若干值得進一步論述的課題。

3.從同一到體系：謝林的絕對的認知與黑格爾的認知的絕對

　　關於车宗三所論的儒家的道德的形上學與德意志觀念論的進一步比較，我做如下的闡釋和批判反省：

　　(1)「道德的形上學」一語為车宗三的創造，此語由康德的「道德底形上學」一語轉化而來。由於康德認定物自身與現象的區分為人的基本存在狀況，不承認人類有智的直覺，所以康德只承認了「道德的神學」，但卻不承認「道德的形上學」。车宗三認為儒聖主張人能有智的直覺，即孔子之仁與孟子之本心，在儒家的踐仁盡性之教中，本心與仁不僅是道德實踐的主觀根據，實踐的形上學的諸理念也在本心之活動中而得以實現，就此而言，本心與仁是真善美合一的智的直覺，也是性體道體的相關的實踐理性的理念的實現的主體中的出發點。實際上，「道德的形上學」一語並未被德意志觀念論所使用，但是，德意志觀念論關於「體系」的討論則近於车宗三所論的「道德的形上學」。唐君毅的前述的關於東西道德哲學和與此相關的本體學的討論中，也使用了相當多的德意志觀念論關於「體系」的討論的成果。因此，我們有很好的理由相信：德意志觀念論

關於「體系」的討論與牟宗三所論的道德形上學的研究，是我們從事牟宗三所論的儒家的道德的形上學與德意志觀念論的進一步比較研究的良好的出發點。

(2)牟宗三所論的心體之知體明覺是和費希特絕對自我的能動性一樣，以之爲智的直覺；牟宗三所論的智的直覺之眞善美合一說，近於謝林之論智的直覺是將之當作「絕對的認知」，偏重以密契的立式以達致絕對的同一性。在德意志觀念論關於「體系」的討論當中。首先，費希特以降的德意志觀念論，取消了「物自身」，他以本原行動（Tathandlung）作爲先驗哲學體系的第一原理，將自然與自由合而爲一。其次，謝林在1800-1805年發展了同一性哲學（Identitütphilosophie），肯認人類的藝術直觀是一種智的直觀，在智的直觀當中達到絕對的同一性，以智的直覺爲之一種「絕對的認知」。牟宗三並未如黑格爾將智的直覺當作「認知的絕對」。黑格爾哲學批判了費希特和謝林哲學的上述說法。雖然牟宗三也常常使用黑格爾的語詞來作自己的哲學的表詮，例如具體的普遍在其自己、對其自己等等，以「超越的分析」和「辯證的綜合」來分別表詮康德哲學和黑格爾哲學，以之爲德意志觀念論的重要的兩個基本模型。但是，牟宗三所言的智的直覺所把握到的絕對，並不是黑格爾式的在關連性的整體性當中的絕對，而是絕對的同一性，這個絕對的同一性，一方面表現爲心體的能動性，二方面表現爲性體的創生性。所以，牟宗三以程明道的渾淪一體的一本論爲儒家圓教的造型者，而終其一生疏於講述最具黑格爾色彩的船山學，良有以也。在這裡，唐君毅對德意志念論的體系哲學與新儒家哲學的比較和闡明，彌補了這個弱點。

黑格爾認爲謝林的體系建立在絕對的同一性之上，建立在密契的和藝術性的智的直覺上，這樣的絕對缺乏了概念的辯證性，是神秘主義的絕對的認知，而非帶著概念的辯證性的認知的絕對。黑格爾在1801年出版的《費希特與謝林哲學體系的差別》即已指出：「同一性的原則不能成爲體系的原則，體系一開始形成，同一性就被放棄了」❻，依此黑格爾分別批評了費希特和謝林的哲學；一方面，費希特的反思的主體主義只把握到了「主觀的—主觀客觀」❻，亦即只從主體能動性的反思的一面來把握主客合一。另一方面，黑格爾認爲謝林的同一哲學只把握到了「客觀的—主觀客觀」❻，一切在謝林那裡都歸入於同一性的暗夜之中❻，謝林忽略了費希特的反

---

❻ 黑格爾，《費希特與謝林哲學體系的差別》（Differenz des Fichteschen und Schellingschen Systemsder Philosophie），黑格爾二十卷本選集，第二卷，1971，Frankfurt am Main，頁94，中譯本，宋祖良、程志民譯，1994北京，頁66。

❻ 黑格爾，《費希特與謝林哲學體系的差別》，黑格爾二十卷本選集，第二卷，頁94；中譯本，頁66。

❻ 黑格爾，《費希特與謝林哲學體系的差別》，黑格爾二十卷本選集，第二卷，頁94；中譯本，頁66，黑格爾說：「同一性的原則是謝林的全部體系的絕對原則。哲學和體系同時發生，而且同一性在各部份中沒有喪失，在結果中更是如此。如果絕對同一性是整個體系的原則，爲此就必須：主體與客體二者被設置爲主體—客體。爲了完善他的體系，需要給它補充一個客觀的主體-客體。爲了完善他的體系，需要給它補充一個客觀的主體—客體，以便絕對物出現於雙方的美一方之中，而且完全只在雙方之中才存在」。

❻ 黑格爾，《費希特與謝林哲學體系的差別》，黑格爾二十卷本選集，第二卷，頁35；中譯本，頁21，黑格爾說：「理性使自己對絕對同一性的反思，使自己的知識，使自己本身都沉入自己的深淵之中。在這個單純反思與找理由的知性的黑夜裡（這個黑夜是生命的正午），兩者能夠相遇」

思的主體哲學所提供的主體性的反思活動。現在,黑格爾將謝林的「客觀的─主觀客觀」和費希特的「主觀的─主觀客觀」的兩個側面經過批判之後又融合爲一,從而提出了他自己的「絕對的─主觀客觀」,走向黑格爾自己的《精神現象學》(1806年著)之後的體系哲學的建立。

《精神現象學》〈序言〉將「在絕對中一切同一」和「一切牛在黑夜裡都是黑的那個黑夜」都批評爲「知識空虛的一種幼稚表現」❻,黑格爾批評將絕對瞭解爲單純的同一性,而認爲必須將之理解爲經過主體的概念性活動之後的體系,黑格爾用「同一和非同一的辯證同一」來取代謝林的「單純的同一的同一」。在此,蘊含了黑格爾對謝林的「智的直覺」之說的批判,在黑格爾的哲學概念中,絕對的認知(die Erkenntnis des Absoluten)是從思辨理念發展而來的知識體系(Eine Wissenschaft,als ein System aus der Entwicklung der spekulativen Idee),絕對只有在這樣的體系發展當中是可把握的,絕對展現自身爲思辨理念的次序。❼因此,黑格爾強調眞理必須是體系,才成爲現實的,而實體必須在本質上即是主體,黑格爾說「說眞理只作爲體系才是現實的,或者說實體在本質上即是主體,這乃是絕對即精神這句話所要表達的觀念」❼,黑格爾的哲學綱領可以

---

❻ 黑格爾,《精神現象學》,中譯本(賀麟譯),臺北,仰哲出版社,1982,頁11。

❼ Kantor,Hans-Rudolf,Philosophie des unendlichen Erkennens im neokonfuzianischen Denken des20. Jahrhunderts,Bonn,頁62。

❼ 黑格爾,《精神現象學》,中譯本(賀麟譯),臺北,仰哲出版社,1982,頁16。

表達爲「實體在本質上即是主體」，而這是透過精神作爲實體和主體的絕對中介而得以可能❼。在此，一方面，實體必須成爲主體，透過主體的二分化活動而設定爲規定性和他在性（Auersichsein）；二方面，實體即是主體是雖然在他在性當中的仍然停留在自身的東西❼。黑格爾此處反對將絕對當成是單純的同一性，而是經過主體的規定性活動之後在他在性之中的同時停留於自身的東西。絕對並非前一意義下的絕對的認知，而是後一意義下的認知的絕對。

　　類似於黑格爾之批評謝林的同一哲學之訴諸於絕對同一性的智的直覺，如何由唐君毅對黑格爾哲學和東西比較哲學的抉擇，對牟宗三歸結於眞善美合一的智的直覺和與此相關的道德的形上學予以重新詮釋和反省，從而開展當代新儒家哲學的未來的新的研究課題和向度，則當爲今後之當代新儒學研究之課題之一。

第三節　批判與前瞻

　　牟宗三對新儒家哲學的道德形上學的建樹，在理論的創建、理

---

❼　黑格爾以爲中介是「運動著的自身同一」，黑格爾說：「中介不是別的，只是運動著的自身同一換句話說，它是自身反映，自爲存在著的自我環節，純粹的自我否定性，或就其純粹的抽象而言，它是單純的形成過程」，黑格爾，《精神現象學》，中譯本（賀麟譯），臺北，仰哲出版社，1982，頁14。

❼　黑格爾，《精神現象學》，中譯本（賀麟譯），臺北，仰哲出版社，1982，頁16，黑格爾說：「惟有精神的東西才是現實的；精神的東西是本質或自在而存在著的東西—自身關係著的和規定了的東西，他在和自爲存在—並且它是在這種規定性中或在它的他在性中仍然停留於其自身的東西；或者說，它是自在而自爲」。

論基礎的反省與進一步發展的問題的提出之上有其不可取代的地位，但是，站在當代新儒家哲學的進一步發展與比較哲學的角度來思考相關問題，對於相關論點的未盡之意的進一步闡釋與批判，也是不可或缺的。對此的闡釋與批判，我分下列三點論述之：

(1)關於道德的形上學作為超越的形上學

(2)關於智的直覺

(3)關於一圓圈之兩來往的圓教基本模型

(1)關於道德的形上學作為超越的形上學

將超越的形上學規定為道德的形上學，是對超越的形上學的一個窄化。牟宗三在《圓善論》指出：只有自由的因果性（意志自由）才能規定創生性（本體的創生性），而只有創生性才能規定縱貫系統，只有自由因果的創生性才能進一步論述縱貫縱生系統和圓教。但是，為何只有自由因果性的創生性才能論述縱貫縱生系統？對此並未有足夠的說明。就佛教的緣起的深義，我們可以設想，在緣起性空的意義下，亦可以用圓融的佛性論和假借的方式來安立「創生性」的範疇，性空不是斷滅，性空的寂滅清淨性必然展現為生起性，從而有著大乘的價值實踐的種種菩薩莊嚴，亦即從無住本立一切法，一切法在此有其佛性存有學的安立。那麼，將佛學之唯識宗的三性之「依他起性」和天臺佛學三諦之「假」瞭解成「生而無生」之緣起義的「創生性」，此中，三性和空假中圓融三諦是包含了緣起義的創生性在內之本體之辯證的全體性。

⑵關於智的直覺

车宗三在《現象與物自身》挺立知體明覺爲「展露本體界的實體之道路」，以智的直覺來重新詮釋自由意志的積極概念❼。「知體明覺」在此可以說是哲學的第一原理，「知體明覺是道德的實體，同時亦即是存有論的實體。自其爲存有論的實體而言，它是萬物底創生原理或實現原理」❼，知體明覺所開顯的是絕對的認知、直契道體的直覺。车宗三在晚年著作中更以知體明覺所直契的絕對境界，進而論述眞善美之合一❼。在此，车宗三較近於謝林，強調智的直覺是直契本體的神祕直觀，而和黑格爾強調絕對認知必須內在地具有概念性的環節，有所不同。又，车宗三類似於費希特之強調智的直覺與主體的能動性❼，費希特以本原行動爲先驗哲學的體系的第

---

❼ 车宗三，《現象與物自身》，頁105，车宗三認爲知體明覺爲意志自由的積極概念，「知體明覺神感神應，自由自律。如果它眞是自由自律的，其爲無限心也必矣。如果它眞是無限心。則其有智的直覺也亦必矣」，车宗三在同書第74頁批評康德只有意志自由的消極概念，而無就有智的直覺而言的意志自由的積極概念。

❼ 车宗三，《現象與物自身》，頁92。

❼ 车宗三譯，《判斷力批判》，引言；〈眞善美的分別說與合一說〉，《鵝湖》1999年5月號（车宗三講於1992年5月），頁2-15。

❼ 關於车宗三哲學和費希特哲學的類似性，李明輝指出「他〔车宗三〕取消康德哲學中理性與直覺之對立性，而像菲希特（J.G. Fichte）一樣，將"智的直覺"視爲實踐理性之表現方式」，引文見李明輝《當代儒學之自我轉化》第69頁，李明輝由康德與費希特對物自身一語的異解指出二者哲學之同異：「從以上的討論，我們不難看出：车先生對『物自身』概念的重新詮釋與菲希特底思路極爲接近。其間的差別主要在於：菲希特取消了『物自身』底概念，车宗三則將它提升爲一個具有價值意味的概念」（李明輝，《當代儒學之自我轉化》第51頁）。

一原理，牟宗三是以知體明覺爲道德的形上學第一原理，但是，費希特的知識學是走入反思的主體主義的進路，牟宗三則另闢性體的客觀面的論述；復次，費希特的反思的主體主義和謝林的歸趨於絕對的同一性之神秘的智的直觀有所不同，而牟宗三的著力於解釋眞善美合一的智的直觀倒是近於謝林的絕對同一性哲學。在此，在關於智的直覺的異趣的問題上，在謝林的絕對的認知和黑格爾的認知的絕對的孰是孰非的爭議中，牟宗三走的並不是黑格爾的認知的絕對的方向，而是謝林的絕對的認知。

(3)關於一圓圈之兩來往的儒家圓教基本模型：

牟宗三所論的儒家的「道德的形上學」，以五峰蕺山和象山陽明爲同一圓圈之兩來往。在心體與性體之迴環中，一方面，五峰蕺山由上而下，在一本之渾圓中，分列心性，突出性體之淵奧，復落實到本心而「以心著性」，「先由客觀地說的道體性體說起，然後復歸於論孟而以仁體與心體以著成之」；另一方面，象山陽明由下而上，強調本心之主體能動性，強調「心性是一」，在心的開顯活動當中即是性的完成❼❽。在如此之格局中，朱子的橫攝系統乃成爲

---

❼❽ 牟宗三，《從陸象山到劉蕺山》，第五章〈兩峰、師泉與王塘南〉，臺北，1979年初版，頁425。牟宗三說：「〔五峰蕺山〕「以心著性」可，〔象山陽明〕最後說「心性是一」亦可。及至心性是一，則象山陽明之只言心體知體，並認心體知體即是性體，而無須有「以心著性」之迴還，而並無不足處，此亦無不可也。故吾言此兩路視同一圓圈之兩種畫法。一是只是一無限心之伸展無外，從其爲主體主觀地說去，主體即是客觀地說的道體性體，無二無別。另一是先由客觀地說的道體性體說起，然後復歸於論孟而

只存有而不活動的靜涵靜攝系統，抹煞了性體道體之縱貫創生義。
牟宗三又論述了心作爲形著原則與性作爲自性原則，牟宗三提出：

> 故性是本體宇宙論地爲萬物之「客觀性原則」（principle of
> objectivity），亦爲萬物之「自性原則」（principle of making thing
> as thing-in-itself）此性體是本體宇宙論的生化之源，是「生
> 物不測」的「創生實體」（creative reality），是「即活動即
> 存有」者，而在人處則眞能彰顯其爲「創生實體」之實義，
> 而其彰顯而爲創生之實體則在實體性的道德本心處見。在此
> 本心處見，即是此本心足以形著之也。形著之即是具體而眞
> 實化之爲一創造實體也。蓋此本心亦是實體性的「即活動即
> 存有」者。故對「穆穆不已」之性體言，此心即爲「主觀性
> 原則」（principle of subjectivity），亦曰「形著原則」（principle
> of concretion，or manifestation）。此形著是通過心之覺用而
> 形著，不是在行爲中或在「踐形」中形著。是故性之主觀地
> 說即是心，心之客觀地說即是性；性之在其自己是性，性之
> 對其自己是心；心性是一，而「無心外之性」也。在五峰，
> 及明言盡心以成性；而在蕺山則即以心宗之「意知獨體」或
> 「意根誠體」浸澈此「穆穆不已」之性體也。[79]

以仁體與心體以著成之。此著成之之迴環，其始也，心與性有距離，性是
超越的密體、奧體，總在心之覺照活動以上而爲超自覺者，總有爲覺照活
動所不及盡者；其終也，心性是一，而無限歷程與頓著不衝突，蓋仁體心
體亦是超越的，無限的故也」。牟宗三論宋明理學三系及一圓圈兩往返，
另見牟宗三，《心體與性體》第一冊，頁49、48、30。

[79] 牟宗三，《心體與性體》，第二冊，頁525-526。

這些都是很有價值的見解。在道之體用的本體學循環（ontologischer Zirkel）的相關論述當中，牟氏論述性體與心體的一圓圈兩迴環，頗稱精善。但是，正如我在另文〈牟宗三論體用縱橫〉❽所指出的，此處仍未能充份闡釋東亞圓教的「三法圓融不縱不橫」的圓教思想模式的深義——縱貫橫攝。因此，牟宗三所論性體與心體的一圓圈兩迴環雖於當代新儒家哲學的道德的形上學多有啓發，是開山之作，但是對於道之體用的本體詮釋學，仍未曲盡其致，在根本問題上，需要重新抉擇。牟宗三闡釋性體和心體的迴環，雖已提出道德的形上學的「縱貫橫攝」的相關問題，但未能善論。簡言之，牟宗三的儒家圓教仍只有「縱貫縱生」的模式，而尚未妥善論述「縱貫橫攝」及東亞圓教的「三法圓融不縱不橫」的思想模式，顯示出相關的課題的研究上仍有許多的發展空間。

結　論

在本文中，我首先闡釋了牟宗三關於儒家的道德的形上學與康德的道德底形上學的區分，牟氏並認為在道德性的三義——(1)道德性的嚴整義，(2)道德性的宇宙本體義和(3)道德性的存在歷史義當中，康德的道德底形上學只能及於其第一義，而儒家的道德的形上學則能及於第二義和第三義。本文重檢康德的道德底形上學的自律倫理學，論述了康德的自由理論與道德主體性理論，發現康德的此諸論

---

❽　賴賢宗，〈牟宗三論體用縱橫〉，發表於1999年9月29日「孔子學術國際會議」（臺北），亦收於本書。

述所闡發的道德神學和道德目的論的種種意涵，並不完全缺乏上述道德性的第二義和第三義；在此一研究角度之下，康德的道德底形上學及其相關課題與當代新儒家的道德的形上學具有更大的比較研究的空間。

其次，我就唐君毅的論述德意志觀念論（自律、本原行動和精神辯證）的三個環節與宋明理學的三個環節（理心氣）以及牟宗三所論的道德性的三義（嚴整義、宇宙本體義和道德性的存在歷史義）重檢了當代新儒家的心性論與道德的形上學。牟氏則並未進入上述第三環節的論述脈絡，他卻轉而扭轉康德的道德底形上學和自律倫理學，而自己另造「道德的形上學」的體系，在此，牟宗三分判體用縱橫之縱貫系統和橫列系統，闡述自己的關於東亞圓教體用義的殊解。其實，就船山的強調「人文化成」的歷史社會總體的精神辯證的面向而言，此中已包含了縱貫橫攝的道德的形上學的可能性。而黑格爾的精神哲學中，絕對的認知包含了概念性的環節於其中，因此，實體必將自己開展成主體，而縱生的實體具有橫攝的概念認知於其中，此即可理解爲黑格爾的精神哲學之「縱貫橫攝」；因此，實體才不停留在僵固的實體的「同一性」當中，而成爲主體的活生生的概念的「體系」的辯證活動；德意志觀念論已走向自由的形上學的建構，和當代新儒家哲學的道德的形上學有其相當大的會通之空間。

最後，在本文中，我重省了牟宗三哲學的底下三個課題，討論了當代新儒家哲學的發展的三個課題，(1)關於道德的形上學作爲超越的形上學，(2)關於智的直覺，(3)關於一圓圈之兩來往的圓教基本模型；期待能在更廣闊的界域，開拓當代新儒家哲學的研究領域。由於篇幅與主題的限制，這篇論文不免有許多討論未能充份進行，

我已在本書的另外論文加以論述。

後記：1998年12月寫初稿於臺北，1999年6月再改，1999年7月發表
　　　於第十一屆國際中國哲學會會議「跨世紀的中國哲學：總結
　　　與展望國際學術研討會」。2000年2月小幅度修改後，成此稿。

七、牟宗三論體用縱橫：
由體用縱橫義詮釋與批判牟宗
三所論圓教的基本思想模型

本文綱要

在本文第一節中，相對於熊十力的體用哲學，我論述了牟宗三所論的體用縱橫義之新的建樹。此中，首先，相對於熊十力之盛闡體用之三的辯證，牟宗三闡述了一心開二門的二層存有論。其次，體用縱橫是天臺佛學的主要課題之一，我在此討論了牟宗三所論的天臺宗的「性修不二」，牟宗三對荊溪所說之「順修對性三法離合」有其個人之特解，牟宗三認為「離合」指的是「性德三法」與「修德三法」之「三法的各自之離合」，而不是指「性與修之離合」，我在此文中闡述：牟宗三此處所說並不完全符合荊溪的解釋。因為，荊溪曾說「了順修對性，有離有合。離謂修性各三，合謂修二性一」，明明是就「修與性之離合」而說。智顗與荊溪所論的「性修不二」是以「三法圓融不縱不橫」的天臺佛教存有論為其思想的預設，熊十力的相關詮釋反而較牟釋能貼近原意。最後，我重檢了牟宗三將

體用縱橫義運用於圓教之詮釋的種種說法，指出牟宗三區分「縱貫縱說」和「縱貫橫講」及分列「縱貫」與「橫列橫攝」所可能蘊含的問題。

在第二節中，我論述了牟宗三哲學中所論的體用縱橫義和圓教體用縱橫義的進一步發展之前瞻，基於林安梧所提出的「存有三態論」和我論述的對於牟宗三的天臺詮釋的重檢，吾人對於牟宗三所論的體用縱橫義與圓教，可以提出下列批判考察。牟宗三雖然對天臺圓教之三法不縱不橫做了較清晰的闡釋，對於「三」的思想結構在心性與本體的交涉之課題加以論列，但是，牟氏並未將此「三法不縱不橫」的闡釋運用於其新儒家哲學的論述。從而，圓教的「體用縱橫」的課題，仍有進一步討論的空間。

在第三節中，根據以上對於體用縱橫之理解，吾人亦可順著體用哲學之新詮，從而對當代新儒學的進一步發展的課題，提出下列對牟宗三的體用哲學的評論：(1)縱貫橫攝的體用義的衡定與對牟宗三的二重存有論的重檢，(2)圓教之不縱不橫與儒佛會通的本體詮釋學（Onto-Hermeneutik），(3)儒家心性論的意向性分析與儒家的歷史社會的面向需要進一步開展。

本文各節之內容如下

導　論

第一節　牟宗三的體用縱橫義之衡定與其對熊十力的體用論的進一步發揮

　1.宗三的體用縱橫義之衡定與其對熊十力的體用論的發揮和轉化

　2.牟宗三的佛學建構的特見

　　2.1　牟宗三的一心開二門的二重存有論的思想架構

關鍵字：牟宗三、體用論、天臺佛學、現代新儒家、Mou Zongsan、Tang Chun-i，Onto-hermeneutics、Contemporary new Confucianism、T'ien-t'ai Buddhism

導　論

　　本文由體用縱橫義來探討牟宗三所論的圓教的基本思想模型。熊十力和牟宗三二人重建了創生的本體論，在此，熊氏援引大易哲學以「創生性的本體論」改寫了佛教唯識學的核心概念，而牟宗三

進一步以林鎮國所謂的「虛說型態」❶來揚昇佛教的佛性論如來藏
思想，回到牟宗三的體用縱橫的詮釋系統來看，牟氏以「縱貫縱生」
（儒家圓教）和「縱貫橫講」（佛家圓教）的分判爲前提❷，提出「佛
教形上學的虛說型態」，判定佛家圓教只是「團團轉的圓」❸。因

---

❶ 林鎮國，《空性與現代性》，臺北，立緒出版社，1999，頁97-130，〈佛教
形上學的虛說型態〉一文，林氏說：「在層層辯證之後，牟氏判定天臺與
華嚴圓教實無所謂體用，即使言體用，亦只是虛說。就這一點來說，中國
佛教實未遠離印度佛教」（頁105-106），「對於天臺、華嚴和禪宗，牟氏
處處辯示此三家都不能以實體性的實有之本體論說之……換言之，體用只
能就修行實踐說，不能就本體論的意義說」（頁117）。

❷ 牟宗三，《中國哲學十九講》，頁116，臺北，1983年初版，頁431，「儒
道釋三個大系統從究竟方面說，是以縱貫系統爲主，不過卻以兩個態度去
講：儒家是縱貫縱講，另兩家是縱貫橫講」；關於牟氏認爲佛教存有學並
非「創生性的本體論」，參見同書頁427-428，「儘管佛教不要一個東西來
創造萬法，但它最後還是指向究竟、了義，因此也算是縱貫的。可是它開
始又不能講一個縱貫的實體……佛性、法身的觀念當然是從最後的指向說，
這就是圓教下的佛性、法身。圓教下的佛性、法身能保住萬法，但不能創
造萬法。在此我們不能說創造，只說保住……我們不要認爲佛性、法身可
以創造萬法。我們的意思只是說，我之成佛是以一切眾生得渡爲條件，在
這個意義下把一切法收進來……圓佛必須『即』一切法而成佛，法的存在
的必然性就在這『即』字裡被保住」。

❸ 牟宗三，《圓善論》，臺北，1985年初版，頁330，牟宗三批評佛道兩家圓教
爲「團團轉之圓教」，牟宗三說：「其問題雖原屬縱而卻不能有縱以實之，
故偏虛而中心無主幹也。故佛道兩家之圓教爲團團轉之圓教，非方中有圓圓
中有方之圓教，看似甚玄甚妙，實只因團團轉而爲玄妙」，牟宗三認爲他這
個對於佛道兩家圓教爲「團團轉之圓教」的批評是繼承了熊十力的見解，見
同書第327頁，牟氏說：「熊先生總不滿意于佛教而與居士和尚辯，千言萬語
總在昭顯此意，其爭者總在此創生性也」；牟氏又認爲他自己的這個批判更
清楚處底闡釋了熊十力的諦見，牟氏說：「如此，吾可解釋一切辯者之惑並
可使熊師之諦見全部朗然」（同書第330頁）。

此，牟宗三對儒佛圓教的理解及其「創生性的本體論」的闡釋都是預設了牟宗三之「縱貫縱生」（儒家圓教）和「縱貫橫講」（佛家圓教）的體用縱橫義的分判，所以有必要對此思想前提加以重檢，亦即，必須對於牟氏的體用縱橫義的一些基本分判加以重檢，探討圓教之不縱不橫與縱貫橫攝的本體詮釋學（Onto-Hermeneutik）❹，此文即進行這個工作，其主軸如下：

(1)本文回到當代新儒家哲學的發展脈動來重估牟宗三哲學的詮釋體系，指出牟宗三和熊十力的同異之處，從而見出當代新儒家哲學發展史的連續和差異的諸種不同可能性，本文進而在對比與前瞻性的批判研究之中，指出體用縱橫義之探討所能給當代新儒學的進一步發展的啓示。

(2)體用縱橫討論大成於中國天臺佛學，牟宗三亦藉由天臺佛學的體用縱橫義的檢討，從而更加精熟了他自己的思想分判。本文重檢了牟宗三的天臺佛學詮釋，指出牟宗三的特解所以異於天臺之處，以及因此差異而導致的a.體用縱橫義的本體詮釋學與b.圓教的判教詮釋學之異於牟氏的理論之可能的兩個不同理解。

本文分爲下列三節，分別探討下列主題：「牟宗三的體用縱橫

---

❹ 本體詮釋學（Onto-Hermeneutik）一詞的涵義參見貝克（Heinrich Beck）與史米貝（Gisela Schmirber）編，《世界文化會通之下的世界和平》（「三的辯證與存有律動」學術叢刊，第九冊），第354-355頁；另見成中英的〈方法概念與本體詮釋學〉，收於《知識與價值：成中英新儒學論著輯要》（北京，1996），及成氏的〈從本體詮釋學看中西文化異同〉，收於《中國文化的現代化與世界化》（北京，1988），及賴賢宗《佛教詮釋學》關於本體詮釋學的成立根據與意義的相關論述。

義之衡定與其對熊十力的體用論的進一步發揮」（第一節），「論牟宗三哲學中所論的體用縱橫義和圓教體用縱橫義的進一步發展之前瞻」（第二節）和「體用縱橫與當代新儒學的進一步發展的課題」（第三節）。

第一節　牟宗三的體用縱橫義之衡定與牟宗三對熊十力的體用論的發揮

1.牟宗三的體用縱橫義之衡定與其對熊十力的體用論的發揮和轉化

關於牟宗三的體用縱橫義之衡定與其對熊十力的體用論的發揮和轉化，我在此進行考察。首先，就觀念的形成史而言，牟宗三哲學中體用義之衡定經歷了如下三個時期：

(1)《心體與性體》附錄〈佛家體用義之衡定〉一文對佛家體用義的批判，《心體與性體》三冊（1968-1969）也已論述了新儒家之圓教的具體規模。

(2)牟宗三在《佛性與般若》（1977）論述了三法「不縱不橫」，進一步釐清了圓教的體用論的思想結構。

(3)在《中國哲學十九講》（1983）、《圓善論》（1985）以「縱」與「橫」對體用義做了進一步的釐清，以「縱貫縱講」和「縱貫橫講」的體系差別判明儒家和佛家道家的不同。

　　我的另文已對《心體與性體》對佛家體用義的批判和所論的新儒家之圓教加以論述❺，因此，本文就後續諸書所論之體用縱橫與圓教重加檢討。

　　牟宗三的體用縱橫義之衡定與其對熊十力的體用論的發揮，可約下列兩點而說之：

　　(1)理論之建構：對於心性論與體用論的交涉之課題，熊十力雖已略論了性修不二與本體功夫，但尚未及充份論述其理趣，牟宗三在此諸課題有長足的進展。牟氏寫作《佛性與般若》與《心體與性體》諸巨冊，更精緻地論述了性修不二與本體功夫，就佛學而言，探討主觀面之般若智與客觀面之佛性之交涉；就儒家哲學而言，牟氏探討了主觀面之道德本心與客觀面之道體之交涉與迴環；這就佛教哲學與儒家哲學而言皆有其進步之處。

　　(2)批判與檢別：熊十力的體用論檢校了印度佛學之空有二宗，牟宗三則繼而評判中國佛學之華嚴天臺所論的體用縱橫義，認為天臺華嚴佛教雖可說是「縱貫橫講」，「但不能說般若解脫法身三德秘密藏所成的大涅槃法身創生萬法」❻，在此，牟宗三發揮自己的創見，在儒家體用哲學之中闡釋並改寫了見於中國大乘佛學的體用縱橫義。

　　熊十力的嫡傳弟子牟宗三繼承了熊十力的體用哲學，對於平章

---

❺　賴賢宗，〈近五十年來臺灣當代新儒學之研究與前瞻〉，收於《五十年來臺灣人文學術研究》，臺北，學生書局，200。

❻　牟宗三，《中國哲學十九講》，頁116，「這共通的模式運用到道家是『縱貫橫講』」。這名詞也可運用於佛教，佛教也有縱貫的關係，但不能說般若解脫法身三德秘密藏所成的大涅槃法身創生萬法，這是不通的，因此佛教也是『縱貫橫講』」。

儒佛的相關課題繼續做了深入的研究。底下，我將指出，牟氏雖然
在若干儒佛體用論的平章儒佛的課題的研究上，就學力而言超過乃
師，但是，就下列兩項的洞見而言，牟宗三在總體上並無超過乃師
所開出的方向之處：(1)真常唯心系佛學與儒家哲學之進一步會通的
課題上，(2)儒佛體用哲學在現代社會中的適應與發展。

　　牟宗三的佛學研究，在文獻的整理與思想史的爬梳上，堪稱廣
大精微，其《佛性與般若》兩巨冊，掌握了流傳於漢土的大乘佛學
的各個宗派的佛典，曲盡其致，尤其是對真常唯心系佛學的研究，
尤爲鞭闢入裡。相較之下，熊十力的《新唯識論》在文獻的運用上
頗拘於唯識一宗和若干空宗的典藉，熊十力雖也運用到了許多禪、
天臺與華嚴的理論，但對於此一運用卻多未明講，其總體方向畢竟
歸於評破空有二宗，取大易哲學與真常系佛學之隱而不顯的大義而
改造發展儒家的體用哲學❼。

───────────────────

❼　雖然熊十力認爲天臺華嚴爲「至其支流，可置勿論」，且指出「天臺、華
　　嚴等，其淵源所自，能外於大空大有乎」，熊十力認爲華嚴並不具有重要
　　性，且拒絕將他的新儒家哲學體用論和天臺華嚴做進一步的比較，但是，
　　印順早在〈評熊十力的新唯識論〉即已指出：「《新論》所說的『舉體爲
　　用』；『稱體起用，即用顯體』；『全性起修，全修在性』、『小大無礙』、
　　『主伴互融』、『一多相涉』等；以及『海漚』、『冰水』、『藥丸』等
　　比喻，在臺、賢學者，甚至北朝地論學者，早已成爲公式了。《新論》果
　　真無所取於臺賢嗎？臺賢果真不出大空大有嗎？真常唯心論，在印度與婆
　　羅門教合化的，在中國與儒道混融的，我從佛家本義的立場，是不能完全
　　贊同。然而，這在印度是久已有之，在中國的臺賢更發揮到頂點。《新論》
　　近於此系，也大量的融攝，然而不但默默的不加說明，還故意的抹煞，似
　　乎有所不可」，上述討論及引文參見印順《無諍之辯》，臺北，1991，第
　　十三版，頁16-17。印順認爲熊十力的體用哲學和天臺華嚴佛學具有同樣的

但是，另外一方面，牟氏關於平章儒佛的根本見解，在「貶佛崇儒」一課題上，實無大異其師熊十力所確立的基本方向，熊十力早就說過「新論〔新唯識論〕與佛家元來意思根本異處，其略可知。佛家思想畢竟是趣寂的，是超生的，是出世的」❽，批判了佛教存有論之趣寂的基本方向。

另一方面，雖然熊十力認爲佛教在人生的趣向上是趣寂出世，但是熊氏仍認爲大乘佛教可以有「創生的實體論」一義❾，尤其見於熊氏以翕闢釋轉變的創見❿，認可了大乘佛學的實體的轉變能生義，熊十力在《新唯識論・文言本》說：

理論模型，同屬於「眞常唯心論」，印順「從佛家本義的立場，是不能完全贊同」。吾人認爲：熊十力使用了天臺華嚴佛學的大量語詞，而對於臺賢佛學的究極歸趨的理論模型的研究和此中所蘊含的臺賢佛學和新儒家體用哲學的理論比較的可能性加以拒絕。牟宗三的天臺佛學研究和對於中國哲學圓教論的論述在若干層面，較爲理論清晰，引述有據，彌補了熊十力的文獻上的缺失；但在義理的深度上，後來者是否轉精，則或未必然。

❽ 熊十力，《十力語要》卷一，臺北，洪氏出版社，1975，頁66。

❾ 林鎭國，《空性與現代性》，臺北，1999，頁73-74，林鎭國說「熊氏在回到易經『翕闢成變』的最終立場之前經過由『虛妄唯識』到『眞常唯心』的過渡。此涉及熊氏對終極實在的看法。……〔中觀學與唯識學〕二者均未將其〔終極實在〕理解爲創生性的實體，……這種來自印度佛教的眞理觀在傳入中國的過程中遭到質疑與修改，其中最關鍵的轉折見於《大乘起信論》將『眞如』收攝作爲絕對主體性的『一心』，而言眞如與無明互薰……〔熊十力新唯識論〕此具自動創新、主宰官體與轉化境界性格的本心即是智，即是本體」。

❿ 熊十力，《新唯識論・文言本》，臺北，文景出版社，1973，頁26，卷三〈轉變〉。參照林鎭國對於「從識轉變到翕闢成變」討論，林鎭國，《空性與現代性》，頁74-80。

誰為能變，如何是變，變不從恆常起。……爰有大物，其名
恆轉。……一翕一闢之謂變。……一翕一闢，若將故反之而
以成乎變也。⓫

此處所謂恆轉之大物就是《新唯識論·文言本》〈明宗〉所說
的「非是離自心外在境界」的「實體」，在此，熊十力以翕闢釋實
體之轉變，闡明了「創生的實體論」，用以取代護法的唯識論之割
裂體用。承此，熊十力又贊美佛學的實體的轉變能生義而說「徹萬
化之大原……深而不測其底，則未有如佛氏者」⓬。

相對於熊十力的在某一意義下認可大乘佛教「可以」有「創生
的實體論」一義，牟宗三則強調佛教所論的法身和實相並不能創生
萬法，「本體之創生萬法」一義唯有儒家所論的道德性體和心體足
以當之。牟宗三在《圓善論》批評佛道兩家圓教：「團團轉之圓教」
佛道兩家圓教為「團團轉之圓教」，牟氏說：

其問題雖原屬縱而卻不能有縱以實之，故偏虛而中心無主幹
也。故佛道兩家之圓教為團團轉之圓教，非方中有圓圓中有
方之圓教，看似甚玄甚妙，實只因團團轉而為玄妙⓭

⓫　熊十力，《新唯識論·文言本》，頁26。

⓬　熊十力，《十力語要》卷一，臺北，洪氏出版社，1975，頁66，其前後文
　　為「徹萬化之大原，發人生之內蘊，高而莫究其極，深而不測其底，則未
　　有如佛氏者……人之生也，固若是芒耶。自吾有知，恆困於無量無邊之疑
　　問，而不得一解。然吾終因佛學而漸啓一隙之明焉」。

⓭　引文見牟宗三《圓善論》，臺北，1985年初版，頁330，牟宗三在此批評佛
　　道兩家圓教之根本缺失。

　　牟宗三認爲他這個對於佛道兩家圓教爲「團團轉之圓教」的批評是繼承了熊十力的見解，牟氏說：「熊先生總不滿意于佛教而與居士和尙辯，千言萬語總在昭顯此意，其爭者總在此創生性也」❹；牟氏又認爲他自己的這個批判更清楚處底闡釋了熊十力的諦見，牟氏說：「如此，吾可解釋一切辯者之惑並可使熊師之諦見全部朗然」❺。

　　林鎭國在〈新儒家「返本開新」的佛學詮釋〉一文指出當代新儒家哲學的代表者熊十力與牟宗三「在佛學內部各系統中獨鍾眞常心系」❻，熊牟二人「重建了創生的本體論」❼，在此，熊以「創生性的本體論」改寫了唯識學的核心概念❽。更進一步，林鎭國的〈佛教形上學的虛說型態〉一文闡釋牟宗三進一步以「虛說型態」來揚昇如來藏思想，如果回到牟宗三的詮釋系統來看，所謂的牟宗三之「佛教形上學的虛說型態」是在「縱貫縱生」（儒家圓教）和「縱貫橫講」（佛家圓教）的分判下，判定佛家圓教只是「團團轉的圓」❾，這些牟宗三對儒佛圓教及其「創生性的本體論」的闡釋，都是預設了牟宗三之「縱貫縱生」（儒家圓教）和「縱貫橫講」（佛家圓教）的

---

❹　見牟宗三《圓善論》第327頁。

❺　見牟宗三《圓善論》第330頁。

❻　林鎭國，《空性與現代性》，頁91。

❼　林鎭國，《空性與現代性》，頁91。

❽　林鎭國，《空性與現代性》，頁74，「〔熊十力〕此具自動創新、主宰官體與轉化境界性格的本心即是智，即是本體」；《空性與現代性》，頁78，「熊氏從印度唯識學的意識哲學轉向中國式玄學（本體宇宙論）的建構，終於完成於文言本《新論》以『翕』、『闢』二形上原則説明轉變」。

❾　牟宗三，《圓善論》，頁330。

分判，如果這個所預設的體用縱橫義的基本分判發生問題，則牟宗三的整個解釋體系也需要重估❷。我在下文會回到牟宗三的天臺佛學詮釋來重新檢討這裡的問題。

2.牟宗三的佛學建構的特見

雖然，在總體方向上，牟宗三比起其師熊十力並不能說是有所進步，但是，牟宗三的佛學建構在下列三點，在某些觀點卻具備獨到的見解：(1)牟宗三的一心開二門的二重存有論的思想架構，(2)牟宗三對天臺哲學的性修不二說之進一步發揮，(3)牟宗三對天臺的「不縱不橫」的進一步發揮。牟宗三對佛學建構的進一步的發揮可分這三點進一步於下文論述之。

2.1 牟宗三的一心開二門的二重存有論的思想架構

牟宗三深契於《大乘起信論》的「一心開二門」的思想架構，並擅長於天臺哲學之詮解。牟氏在《大乘起信論》的「一心開二門」的思想架構中，❷一方面找到了破除生滅與不生不滅之裂而爲二和二重本體的危機的可能性，此二種危機的可能性早見於熊十力對護法唯識學的批判當中，這也是熊十力對大乘佛學的主要批評。

---

❷ 我的相關評論參見賴賢宗〈佛教詮釋學的當代建構的一些爭議〉，收於《中國佛學》（第二卷第二期，臺北，1999）及《佛教詮釋學》，臺北，2000。

❷ 如牟宗三，《中國哲學十九講》，臺北，1983年初，頁116；又，參見第十四講〈大乘起信論之「一心開二門」〉。

在另一方面，依於《大乘起信論》的「一心開二門」的思想模式，牟氏應可超越熊十力依於其文獻掌握的侷限而有的佛學批判，從而以體用不二及其相關課題爲儒佛共同許可之義，而爲儒佛會通找到一條新路。但是，牟仍信從於乃師所說，以爲大乘佛教只立不生不滅的寂滅性體，牟宗三更強烈地主張佛教畢竟對性體之道德創生性無所窺，從而認爲大乘佛學不僅未見性德之全，牟宗三在《中國哲學十九講》與《圓善論》進一步指出，寂滅之性體之論最終亦終只能是縱貫橫講之體系，只有作用的保存之意義，而不能直承性體之道德之創生性，於此終究不免落空。就此，牟宗三於《圓善論》曾指出：

> 不管天臺之「性具」，華嚴之「性起」，抑或六祖檀經之「性生」，皆非本體論的生起論，亦甚顯然。(不可爲表面詞語所惑)。而本體論的生起論之切義唯在「自由意志的因果性」處見，此亦不爭之事實。而意志因果之道德創造性爲佛道兩家所無，此亦不爭之事實。……不惟佛家無創生義，即道家亦無創生義。嚴格言之，佛道兩家實不能言縱貫系統。❷❷

牟氏又從而批判了佛道兩家之圓教的根本不足，牟氏說：

> 其問題雖原屬縱而卻不能有縱以實之，故偏虛而中心無主幹也。故佛道兩家之圓教爲圍圍轉之圓教，非方中有圓圓中有方之圓教，看似甚玄甚妙，實只因圍圍轉而爲玄妙，並未十

---

❷❷　牟宗三，《圓善論》，1985，臺北，頁328。

字打開，故綱維不備，非大中至正之天常。㉓

　　牟宗三啓發於《大乘起信論》的「一心開二門」的思想模式，從而改寫了康德的現象與物自身的區分，而肯定人有創生性本體論意義下的智的直覺，並依此提出二重存有論，這是牟宗三的一心開二門的二重存有論的思想架構的獨見。但是，我們在這裡不能忽略的是：⑴熊十力以翕闢釋轉變，又強調體性的三的辯證，頗有見於所謂的存有力動（本體力動）中的「存有的轉折」和知識作為人實存的存在模式的「概念的執定」，這是和牟宗三的一心開二門的二重存有論是有所不同的。對於熊十力強調的三的辯證，牟氏的詮釋體系則忽略其精義。⑵牟宗三認為天臺圓教終究只是「縱貫橫講」，於「縱貫」之上實不能承體性之創生性，而橫講亦只能是弔詭地說的「轉團團的圓」，這則是因為在牟宗三對於「性修不二」和「修性離合」的解釋中，壓平了性和修的關係成為平列的關係，而忽略了其中的三法圓融意義下的佛性勝義實體之創生性的縱貫橫攝與不縱不橫的要義，因此牟宗三的天臺佛學理解已異於智顗、荊溪和知禮的天臺佛學的論述，就此而言，牟宗三的天臺佛學詮釋只是過渡到他自己的判教的一個暫時性的環節而已，而和傳統的天臺佛學頗有距離。在我的論文中，我會對我的這兩點對於牟宗三的體用縱橫義的反思和批判做進一步的論述。

㉓　牟宗三，《圓善論》，1985，臺北，頁330。

2.2　牟宗三對天臺哲學的性修不二說之進一步發揮

　　牟宗三尤擅長於天臺哲學,甚能以自己的創見來發揮天臺圓教之論述。牟宗三認爲天臺圓教之三點規定爲:「天臺宗的法華圓教,吾人可名之爲詭譎的圓實教,其前題如下:I原初的洞見——不斷斷。II一念無明法性心——無住本。III一切法趣空、趣色、趣非空非色」。❷。這三點天臺圓教之本質規定具有下列內在的思想進程的三個環節。首先,a.原初的洞見:不斷斷❷;其次,b.相應於此原初的洞見進而發揮的圓教義理:一念無明法性心,無住本❷;最後,c.依於圓教義理而對一切法做詭譎的表示:一切法趣空、趣色、趣非空非色,一切法趣如來藏理而詭譎的表示爲三道三德等三的辯證❷。此三個

---

❷　牟宗三,《佛性與般若》,頁616。

❷　牟宗三,《佛性與般若》,臺北,1989,修訂五版,頁600-602,牟宗三說「不斷斷者,不客觀地斷除或隔離淫怒癡等非道之惡事而主觀地即得解心無染也。……只有不斷斷才是圓佛之斷」(頁600)。

❷　牟宗三,《佛性與般若》,頁602以下,牟宗三說「由此原初之洞見即可進而相應法華之開權顯實而立一義理之實以成立天臺家所謂之圓教。此一圓教是對一切法亦有一根源的說明即存有論的說明之圓教。那不斷斷的洞見是收於此存有論的圓教而說……此一不斷斷之實踐中的存有論之圓教因爲由于一義理之實而成立,故它亦爲一系統。此一圓教系統之義理既不同于阿賴耶妄心系統,亦不同於如來藏眞心系統。它全無現成的論藏可據。它是天臺智者大師之所獨發。然則此一圓教系統所依以成的義理之實是什麼呢?曰:即『一念心』是。此『一念心』亦曰『一念無明法性心』,亦曰『無住本』,亦曰『如來藏理』(六即中「理即」的如來藏,不是經過觀行後的如來藏)。此是相應那原初洞見而來的存有論的圓具(圓具一切法的圓具)之『一念心』」(頁602-603)。

❷　牟宗三,《佛性與般若》,頁613以下。

環節亦即，首先由不斷斷的原初的洞見出發，此「不斷斷」是就主體的即煩惱而解心無染的工夫而言，而並不是對實體的描述；其次，再依此發揮圓教的義理，建立天臺佛學的存有論，在牟氏的闡釋當中，這個圓教的義理也是建立在「一念無明法性心」之主體性原理之上，而此「一念心」只是性具諸法，並不創生諸法，「不斷斷」和「一念無明法性心」都並不肯認實體的創生義，所以牟氏強調天臺性具之「具」並非「創生」而只是「保住」；最後，天臺佛學再詭譎底講一切法，將一切法表示爲三道三德等三的辯證之詭譎言說，成爲天臺之種種教說，後來牟宗三即以「縱貫橫講」名之，因此，在牟氏的闡釋當中，天臺佛學之三的辯證只是一種詭譎，只是詭譎底虛說一切法，而並不是對於佛性之勝義實有之三的辯證，並不是對於佛性之勝義實有之開放的整體性之辯證表詮。這是牟宗三的天臺佛學之詮釋當中持守極嚴的關鍵，也是我們對於牟宗三的詮解進行批判考察的入手處。

以上是牟宗三對於天臺佛教之所以爲圓教的三點基本規定，復次，牟宗三又以「性修不二」一語來概括天臺佛教的大概㉘。吾人以爲，上述三點牟宗三關於天臺圓教的規定可分別視爲對天臺佛教的「性修不二」之之工夫論的理據的說明（相應於「不斷斷」）、心性論的理據的說明（相應於「一念無明法性心」）和本體論的理據之說明（相應於「一切法趣如來藏」）。吾人於下文首先列舉荊溪的天臺佛學關於性修不二的講法，再討論熊十力與牟宗三關於性修不二的論述，藉此我們可以對於熊牟的天臺學詮釋進行一個重檢。

㉘　牟宗三，《佛性與般若》，頁817以下。

首先，「性修不二」為天臺宗的荊溪湛然（711-782）的十不二
門之一。荊溪闡釋「修性不二門」云：

> 三、修性不二門者，性德只是界如一念，此內界如三法具足。
> 性雖本爾，藉智起修。由修照性，由性發修。存性，則全修
> 成性。起修，則全性成修。性無所移，修常宛爾。❷⁹

其次，熊十力的《新唯識論》語體本之全書以關於「性修不二」
之討論殿軍，熊十力未指明其體用論之「性修不二」一辭是出自天
臺佛學，而直接以此辭闡釋易傳，其〈明心〉一章由「性修不二」
的觀點詮釋易經所說的「繼善成性」，❸⁰熊十力說：

> 易曰，繼之者善，成之者性，全性起修，名繼。（性是全體流
> 行不息的，是萬善具足的，故依之起修，而萬善無不成辦，是謂全性起
> 修，即繼義）。全修在性，名成（修之全功，依性而起，祇以擴充
> 其性故。非是增益本性所無。故云全修在性，即成義）」。❸¹

熊十力在此將易傳之「繼善成性」的「繼」解釋成「全性起修」，
再者，將「成」解釋成「全修在性」。其實，不論是「全性起修」

---

❷⁹ 牟宗三，《佛性與般若》，頁817。
❸⁰ 《易經》繫辭傳上，第五章：「一陰一陽之謂道，繼之者善也，成之者性
也」。林安梧認為熊十力關於性修不二的提法是從此章來，林氏說：「熊
氏的整個哲學甚至亦可以說是這段話的註腳」，參見林安梧，《存有·意
識與實踐》，頁318。
❸¹ 熊十力，《新唯識論》語體本，頁306，另見《新唯識論》文言文本，頁109
以下。

或「全修在性」，二語皆出自天臺佛學。㉜「性修不二」就「修」
這方面而言是工夫論，就「性」（性體）這方面而言是本體論。「性
修不二」在工夫論上即是熊十力的《新唯識論》所謂的「本體工夫」，
㉝在本體論上即是熊十力所說的「體用不二」。「性修不二」提示
了工夫與本體的交涉，本體性德之流行不息即是工夫修成之所依（全
性起修），工夫修成即是體性本具之性德之完成（全修在性）。

　　牟宗三進一步闡釋了「性修不二」在天臺佛學中的說法，對天
臺之「性修不二」之闡釋在其《智的直覺與中國哲學》（1971）和
《佛性與般若》（1975）二書當中是一致的。㉞在此，牟宗三根據
智顗《法華文句》卷七與荊溪《文句記》卷七及知禮《指要鈔》指
出「智者即已以『全性起修，全修成性』之修性不二釋經文矣」。
㉟，雖然牟宗三從性修不二入手研究天臺佛學，但牟氏的解釋卻出
以自己的創見，而和傳統的天臺佛學相關論述有所不同。

　　關於牟宗三的天臺佛學詮釋出以自己的創見而和傳統的天臺佛
學相關論述有所差異之處，我闡釋如下。

　　首先，在天臺佛學的詮釋傳統當中，性修不二包含了一個「三

㉜　例如知禮，《指要鈔》論「全性起修」或「全修在性」：「今示全性起修，
　　則諸行無作。全修在性，則一念圓成。是則修外無性，性外無修」。牟宗
　　三的相關討論，見《佛性與般若》，頁818。

㉝　熊十力，《新唯識論》，頁270：「儒者無有捨工夫而談本體」；頁264，
　　「有本體，自有工夫，無工夫即無本體」；頁265：「禪家作用見性，儒者
　　即工夫即本體，於此可見兩家旨意有相通處」。

㉞　牟宗三，《智的直覺與中國哲學》，頁288-290，《佛性與般若》，頁823-824。

㉟　牟宗三，《佛性與般若》，頁824。

法」的動態結構。依於《法華經》之「解脫相、離相、滅相」❸，智顗《法華文句》曾進一步闡釋此文說：「眾生心性即是性德解脫、遠離、寂滅三種之相」❸，荊溪《文句記》解釋此文說「解脫相者即於業道是解脫德，離相者即於煩惱是般若德，滅相者即於苦道是法身德」❸，因此，解脫相、離相、滅相三相即性德三相，亦即性德三因、性德三軌的另一種說法，三相表彰了性修不二的事實，亦即，性德三相之客觀面與修德三因三果之主觀面在天臺實相觀中有其交涉。❸

　　復次，在天臺佛學的詮釋傳統當中，性修不二涉及的天臺實相觀之客觀面與主觀面之交涉涉及性修之三法之離合的問題，亦即，三法之辯證關係的問題，或說是三法之敵對相即的辯證法的問題。❹荊溪說：

---

❸　《法華經》藥草喻品「如來說法一相一味，所謂解脫相、離相、滅相，究竟至於一切種智」。

❸　智顗《法華文句》卷第七上，「所謂下，雙釋一相一味。眾生心性即是性德解脫、遠離、寂滅三種之相。如來一音說此三法，即是三味，此三相則以為境界，緣生中道之行，終則得為一切智果，故言究竟至於一切智也」。

❸　荊溪，《文句記》卷第七下，「此性三德〔性德解脫、遠離、寂滅三種之相〕雖有三相，只是一相。……由佛說故，此性可修。性本無名，具足眾名。故無說而說，說即成教（一味教）。依教修習，方名修三。比讀此教者不知修性，如何消釋此中疏文？敬請讀者行者思之照之。……解脫相者即於業道是解脫德，離相者即於煩惱是般若德，滅相者即於苦道是法身德」。

❸　牟宗三，《佛性與般若》，頁824。

❹　關於天臺佛學之「敵對相即的辯證法」，參見安藤俊雄《天臺性具思想論》，京都，法藏館，昭和28年，第二章第二節「天臺辯證法」。

又了順修對性，有離有合。離謂修性各三，合謂修二性一。❹

知禮云：

> 如《金光明玄義》十種三法，乃是採取經論修性法相，故具
> 離合兩說。如三德、三寶……三身、三智……三識三道既指
> 事即理，必全性起修。此六豈非「修性各三」。……若「各
> 三」者，唯屬於圓，以各相主對，全性起修故。❹

「順修對性三法離合」涉及三法不縱不橫之天臺圓教的思想基
本模型。在此，首先，依荊溪之解，「離」是指「修性各三」，工
夫主體的修德有三法不縱不橫，本體性德亦有三法不縱不橫，此中
之修德三法與性德三法在順修對性之本體工夫中客觀面與主觀面相
離而能相應，「相離」所以彰顯佛性性德之莊嚴與奧秘。

其次，依荊溪之解，「合」是指「修二性一」，「相合」所以
透顯主體面與客觀面之交涉與能修之心之能動性與開發性，指三法
不縱不橫之結構當中，性（正因）與修（緣因和了因）在實踐中相契相
即。

在另一方面，相對於天臺佛學的詮釋傳統，牟宗三對荊溪所說
之「順修對性三法離合」有其個人之創見，牟宗三認為「離合」指
的是「性德三法」與「修德三法」之「三法的各自之離合」，而不
是指「性與修之離合」。牟宗三說：

---

❹ 荊溪，《十不二門》。
❹ 牟宗三，《佛性與般若》，頁830-831。

「順修對性有離有合」。離合者，性德三法與修德三法間之
離合也，非言修與性之離合也。❸

　　我認爲：牟宗三此處所說並不符合荊溪的解釋。荊溪說「了順
修對性，有離有合。離謂修性各三，合謂修二性一」，明明是就「修
與性之離合」而說。在此，一方面，「離謂修性各三」，「離」是
指修德三法和性德三法的離，彰顯了性德的超越性和莊嚴奧秘，二
方面，「合謂修二性一」，謂三法如伊字三點之下二上一，在此不
縱不橫中有其敵對相即的辯證法的辯證關係，從而彰顯了心之能動
性與內在超越之可能性。牟宗三認爲「離合」指的是「性德三法」
與「修德三法」之「三法的各自之離合」，而不是指「性與修之離
合」，這是不符合荊溪的解釋和天臺佛學之性修不二之深意的。其
實，如果不從「性與修之離合」來解讀「修性不二」，就見不出天
臺所論的「修性不二」的深意。

　　熊十力以「修性不二」的討論爲其《新唯識論》之殿軍，但是
對於天臺佛學之「修性不二」未回到原典去做深入的討論，牟宗三
彌補了這個缺失。但是，熊氏在下列兩點上，對於大乘佛學仍否開
出創生的本體論，仍抱持較樂觀的態度：

　　第一、熊十力在闡釋其體用論之時，在其新唯識學的建構當中，
以翕闢釋轉變，改寫了印度的護法唯識學，因此，轉變不是染識的
識轉變，在熊氏的新詮中，轉變是本體的法爾本有的恆轉功能，熊
氏所釋的變之六義都融會了如來藏說佛性論的大乘佛學，仍肯定了

---

❸　牟宗三，《佛性與般若》，頁830。

大乘佛學之創生的本體論之詮釋的可能性❹。

　　第二、熊氏也敏感於佛道兩家的本體詮釋學的三的辯證的積極面向❺。

　　就以上兩點此而言，比起熊十力來，牟宗三的佛學詮釋做的更為徹底，徹底否定了大乘佛學之創生的本體論之詮釋的可能性，牟氏認為佛教圓教也終究不過是「虛說型態」，三的辯證只是種種詭譎的言說而已。又，熊氏對佛道兩家的本體詮釋學的三的辯證的積極面向的闡釋和牟宗三以二重存有論來自立宗旨是有所不同的，牟

---

❹　參見《新唯識論》語體本，臺北，1974臺景印再版，河洛出版社，第四章「轉變」，尤其是第55-88頁的論述。關於熊十力仍肯定了大乘佛學之創生的本體論之詮釋的可能性，可由他以如下「變」之六義來改寫唯識學的轉變說，熊十力在《新唯識論》語體本自述毀契舊唯識論而改造自己的新唯識論後，熊十力論述了「變」之六義來改寫唯識學的轉變說：「變者，活義……略陳下之六義，以見其概。一，無作者義，是活義。……二，幻有義，是活義。……把變或變的動勢說為幻有……三，真實義，是活義。……如透他（變或變的動勢）的源底。他即是絕對的恆轉之顯現。易言之，恆轉即是他的實體。……四，圓滿義，是活義。萬變不齊，一切都是至真至實的全的顯現……譬如大海水，顯現為眾漚……五，交遍義，是活義。……闊如帝網重重……六，無盡義，是活義」（《新唯識論》語體本，第84-86頁），這裡變之六義分別為「無作者義（無我）」、「幻有義」、「透變的源底（澈法源底）之真實義」、「海漚之圓滿義」、「帝網重重之交遍義」、「無盡義」，這些都是如來藏說佛性論之大乘佛學常見的說法。

❺　參見賴賢宗，〈熊十力的體用論的基本結構與平章儒佛〉的「體用縱貫與天臺佛學論三法不縱不橫之圓教」一節的討論。《新唯識論》語體本，第55-58、74、213-216頁闡釋易經的三爻與老子的一生二、二生三，用來解釋體用翕闢的恆轉，就是熊氏體用論闡明本體詮釋學的三的辯證的積極面向的一個例子。

氏並把天臺佛學前述中的「離合」解釋為「性德三法」與「修德三法」之「三法的各自之離合」，而不是指「性與修之離合」是有所不同的，壓平了性和修的實體創生性，也和熊十力對於佛教創生的本體論的融通闡釋，略有不同。

牟宗三對天臺佛學的性德三法與修德三法之「三法離合」之闡述和發揮，在新儒家哲學家所闡釋的體用哲學當中也可以視為一個新的開展，因為，它導致了牟宗三的整個圓教判教系統的誕生。牟宗三的這個天臺佛學理論的援用對⑴牟宗三在後來的著作中的判定佛家道家圓教為縱貫橫講與⑵解明新儒家哲學中之心宗與性宗之迴環，應當是起了相當的推動作用。下文將繼續討論此點。

2.3 牟宗三《中國哲學十九講》與《圓善論》對圓教縱橫之進一步發揮

用「縱貫橫講」系統之說法來說明佛家道家的圓教，這在現代學者對中國哲學的諸解釋中是牟宗三的創說。熊十力曾用縱貫來說性體之創生，而以知識和業染屬於橫列的主客對立的系統，亦曾論列「性體之縱貫創生」與「知識和業染之橫攝」之關係❻，但並未

---

❻ 熊十力說「境識同體，本無內外。……迨串習既久，則即以習為心。……總執有實外界，混同空相，由斯而起。空相起故，時相即俱。橫豎異故，假析時空」，《新唯識論·文言本》，臺北，文景出版社，1973，頁14。後來，熊十力《新唯識論·白話本》又就唯識學的種現問題、兩重本體的問題，對於唯識學之橫攝系統對於縱貫問題的曲解，詳予論述，構成了熊氏由唯識學返回大易哲學的關鍵，參見《新唯識論·白話本》（臺北1973，河洛出版社）第142頁以下。

用此一體用縱橫義之以說明傳統佛學所說的圓教。相對於熊十力，牟宗三在《中國哲學十九講》則盛講縱貫系統和橫列系統，並以之說明儒家圓教，並批判了佛家圓教之說，對佛家圓教說之體用縱橫義之闡釋和批判，牟宗三做了以下的進一步的工作：

　　a.以圓教詮釋儒家心性論與體用論：圓教在天臺佛學中，本是判教中之用語，牟宗三則反省此中所具有的哲學涵意，指出：（a）圓教是就存在而言，圓教以佛性保住一切法的存在性❹，佛性和心的修持是「性修不二」的關係，在性修不二當中保住一切法的存在性，而不歸於斷滅，（b）在語言方便上，圓教以非分別說來表達❹。又，牟宗三復借用天臺佛學的圓教一語，來說明此一宋明理學所論的心體與性體的迴環，嘗試以之闡釋儒家圓教之基本思想模型，這個嘗試是儒家哲學史上的一個進展。牟宗三以縱貫縱生系統詮釋儒家天道性命之教，認爲性體與心體上下貫通，而且就宋明理學之發展而言，陸王一系繼承了孟子心學，爲心宗。五峰蕺山從心性分設出發，再強調「以心著性，退藏於密」，爲性宗。心宗和性宗形成一個迴環。❹

---

❹　牟宗三《中國哲學十九講》，頁368，「法華經則是從法的存在上講圓教。所以這兩者各有特殊的性格，一橫一縱，合在一起，便是天臺宗所說的圓教。而且這一縱一橫，還是以縱爲主。圓教或非圓教，不定在橫上，而定在縱上。『縱』是綱領，是經，『橫』是緯，是作用」。

❹　牟宗三《中國哲學十九講》，頁369。

❹　牟宗三《中國哲學十九講》，頁121，「儒家是縱者縱講，維持住了創造的意義，因爲道德實踐的功夫就是要恢復道德創造的本性。儒家的智慧可完全由歌頌文王的那首詩（詩周頌維天之命）表現出來。客觀地講是『維天之命，於穆不已』即『天命不已』的觀念；主觀地講就是中庸讚『於乎不顯，文王之德之純』之『純亦不已』」。

b.批判佛家圓教之說：牟宗三又認爲天臺宗所自贊的圓教一語並不眞正能在天臺佛學之自身成立,因爲大乘佛學只是「縱貫橫講」,這和儒家的「縱貫縱講」判然有別,因爲就牟宗三而言,佛教和道家中的實體只是抒義字,非實體字,佛教和道家只肯定實體的寂滅性,並不眞正能肯定實體的創生性,佛教的存有論是境界型態的存有論,而不是實體型態的存有論。佛教和道家之體用論的自身並不眞正能就其自身而言肯定一「縱貫創生」之實體,牟宗三於其《圓善論》第六章〈圓教與圓善〉闡明因爲缺乏「意志因果之道德創造性」一義,所以「佛道兩家實不能言縱貫系統」,牟宗三說：

> 不管天臺之「性具」,華嚴之「性起」,抑或六祖檀經之「性生」,皆非本體論的生起論,亦甚顯然。(不可爲表面詞語所惑)。而本體論的生起論之切義唯在「自由意志的因果性」處見,此亦不爭之事實。而意志因果之道德創造性爲佛道兩家所無,此亦不爭之事實。……不惟佛家無創生義,即道家亦無創生義。嚴格言之,佛道兩家實不能言縱貫系統。❺⓪

佛家道家因爲缺乏「意志因果之道德創造性」一義,所以實不能言縱貫系統,但是,因爲佛家道家對于萬物之存在亦有一種講法,佛家道家仍能被說爲是「縱者橫講」,牟宗三說：

> 然吾仍以「縱者橫講」說之者,是因爲他們對于萬物之存在亦有一種講法故。……就佛道兩家言,吾即謂其講法是「縱者橫講」。「縱者橫講」者不言創生義而仍能說明一切法之

---

❺⓪　牟宗三,《圓善論》,1985,臺北,頁328。

> 存在或最後終能保住一切法之謂也。……即如一切法等依於
> 阿賴耶，此只是「識變説」，並非説阿賴耶識能創生一切法
> 也。……即講至一切法等依於如來藏自性清淨心亦如此，非
> 清淨心能創生一切法也。此由「一心開二門」即可知之。即
> 最後講至天臺圓教，由一念三千説起，此仍是理具事造之識
> 變説（煩惱心遍即是生死色遍），至三德秘密藏保住一切法之存
> 在（除病不除法），此亦非般若解脱法身之三德能創生一切法
> 也。故云「縱者橫講」，即只就識變上一切法解心無染而寂
> 滅之而無一法可除，此即爲解脱，亦即爲佛教式的存有論。❺❶

　　依此，佛教與道家只是對既已縱貫創生之實體的寂然清淨性的
側面的肯定，從而在作用上能使實體之縱貫創生較能無執和生動。
亦即，牟宗三認爲，實體的縱貫創生來自道德實體，而佛教和道家
的智慧只是提供對此一既已創生和開顯的道德實體的「作用的保存」
之功能而已，佛教和道家的「無執的存有論」只有「作用的保存」
上的意義，並未能如儒家之能有「道德實體的縱貫創生」，因此佛
教道家對於性體之縱貫創生是無所眞正的承受的，佛教的智的直覺
雖然體會到性體的寂滅性和清淨性，但對性體的健動性並無眞正的
體會。因此，天臺佛教雖然以三諦三觀和圓教四句盛闡其圓教之圓，
極盡言教方便之圓融性，但牟宗三諷刺說這種佛教道家圓教之圓只
是「團團轉的圓」。❺❷牟宗三於其《圓善論》第六章〈圓教與圓善〉
批評佛教道家圓教之圓只是「團團轉的圓」說：

---

❺❶　牟宗三，《圓善論》，1985，臺北，頁328-329。

❺❷　牟宗三，《中國哲學十九講》，第四、五、六、七講，頁69-156，臺北，1983。
　　　對「執的存有論」與「無執的存有論」的討論，另參見林安梧《存有·意
　　　識與實踐》，頁88、328。

言創生者可具備「無爲無執」與「解心無染」之作用，只言
此作用者卻不備道德創造之存有層。兩層備者爲大中至正之
圓教，只備作用層者爲偏虛之圓教，只橫而無縱故也。其問
題雖原屬縱而卻不能有縱以實之，故偏虛而中心無主幹也。
故佛道兩家之圓教爲團團轉之圓教，非方中有圓圓中有方之
圓教，看似甚玄甚妙，實只因團團轉而爲玄妙，並未十字打
開，故綱維不備，非大中至正之天常。❸

　　牟宗三的《中國哲學十九講》與《圓善論》對佛道家所論的體
用縱橫之進一步發揮，也就終結於對天臺圓教之圓只是「團團轉的
圓」的諷刺中，而牟宗三乃歸宗於襲取佛教圓教之說而揉以自己所
獨創的體用縱橫義之創見來重新闡釋新儒家哲學關於心體與性體之
圓教與圓善之論。

第二節　論牟宗三哲學中所論的體用縱橫義和圓教體用縱橫義的進一步發展之前瞻

1.縱貫橫攝與不縱不橫牟宗三哲學中所論的體用縱橫義之重省

　　熊十力以體用論融通儒佛之體用哲學。牟宗三則以其獨見闡釋
了「縱貫創生」與「橫列靜攝」之分判，並認爲佛教道家圓教只是

---

❸　牟宗三，《圓善論》，1985，臺北，頁330。

「縱貫橫講」，而儒家圓教則爲「縱貫縱講」，以此分判佛儒之不同，以之說明儒家與佛家道家的體用哲學，認爲佛家道家於道德性體之創生縱貫終究在體會與承創上有所不足，因而偏於靜觀與靜攝，雖能成就宣說道體生生之圓融無礙之言說，但終究只能說是「縱貫橫講」之弔詭之辭與言教方便而已，佛道之終極歸趣仍歸於道體之寂滅相，而非歸於其生生之道德創生的大義。❸相對於此，林安梧在其《存有‧意識與實踐》卻指出與牟宗三有所不同的關於體用之縱橫之本體詮釋學的詮釋角度。林安梧指出：在熊十力的體用哲學當中，體用的縱貫創生的關係內在地包含了一橫攝的認知的關係。❸亦

---

❸ 牟宗三，《圓善論》，1985，臺北，頁328-329，「不管天臺之『性具』，華嚴之『性起』，抑或六祖檀經之『性生』，皆非本體論的生起論，亦甚顯然。（不可爲表面詞語所惑）。而本體論的生起論之切義唯在『自由意志的因果性』處見，此亦不爭之事實。而意志因果之道德創造性爲佛道兩家所無，此亦不爭之事實。……不惟佛家無創生義，即道家亦無創生義。嚴格言之，佛道兩家實不能言縱貫系統。……然吾仍以『縱者橫講』說之者，是因爲他們對於萬物之存在亦有一種講法故。……就佛道兩家言，吾即謂其講法是『縱者橫講』。『縱者橫講』者不言創生義而仍能說明一切法之存在或最後終能保住一切法之謂也。……即如一切法等依於阿賴耶，此只是『識變說』，並非說阿賴耶識能創生一切法也。……即講至一切法等依於如來藏自性清淨心亦如此，非清淨心能創生一切法也。此由『一心開二門』即可知之。即最後講至天臺圓教，由一念三千說起，此仍是理具事造之識變說（煩惱心遍即是生死色遍），至三德秘密藏保住一切法之存在（除病不除法），此亦非般若解脫法身之三德能創生一切法也。故云『縱者橫講』，即只就識變上一切法解心無染而寂滅之而無一法可除，此即爲解脫，亦即爲佛教式的存有論。」

❸ 林安梧《存有‧意識與實踐》，頁152，「體用是一縱貫的、創生的關係，而不是一橫攝的、認知的關係。當然，體用之爲體用，它不只是這縱貫的、創生的關係而已，而且這縱貫的、創生的關係必已包含了一橫攝的、認知的關係。」

即，儒家圓教應該是一「縱貫橫攝」的體系，而概念的執定和存有論
的轉折爲道體之創生的必要的一環。在此，林安梧以存有三態論來
說明熊十力的體用論的基本結構，說明所謂儒家圓教的基本結構。
但是，不管在林安梧、牟宗三或熊十力的體用縱橫義當中，圓教之
體用縱橫義之不同內涵（縱貫橫攝和不縱不橫）則未被充份之討論，爲
了彌補這個不足，在下文之中，我論述圓教體用縱橫義的相關要義：

(1)存有三態論在存有的開展與返本：就存有三態論是一體用哲
學之論述而言，吾人可以說此爲一「三態體用論」。此一「存有三
態論」，就存有之開展與返本而言，是「存有的根源」、「存有的
開顯」和「存有的執定」。❺❻這是從三法圓融不縱不橫的角度來論
述體用論。

(2)意識學觀點下的「存有三態論」：此一「存有三態論」、「三
態體用論」就意識學的角度而言，則是「境識俱泯」、「主客同起
而未分」和「主客同起而分立」之識之三態。❺❼

(3)縱中有橫：此一「存有三態論」、「三態體用論」具有一「縱
貫橫攝」的結構。此中，由「存有的根源」到「存有的開顯」的存
有開展的過程包含著「存有的執定」的認識論的面向，所以「縱中

❺❻ 林安梧在他的《存有·意識與實踐》首先標示了「存有之三態」。林安梧
《存有·意識與實踐》，頁108以下，在此，「存有之三態」爲「存有的根
源──x」、「無執著性、未對象化前的存有」和「執著性、對象化了的存
有」。將此一論述，進一步用「道象言」來加以闡述，並命名爲「存有三
態論」，則見於林氏的〈道與言〉（收於《揭諦》，1997）及〈後新儒家
哲學之擬構：從「兩層存有論」到「存有三態論」〉（第十一屆中國哲學
會議，1999）。

❺❼ 林安梧《存有·意識與實踐》，頁343以下。

有橫」，因此，存有的縱貫創生包含了橫攝的執取。

(4)橫中有縱：此一「存有三態論」、「三態體用論」具有一「縱貫橫攝」的結構。此中，在「主客同起而分立」回返於「主客同起而未分」的認識論的統覺作用中，此一異時性的表象作用的作用本身亦同時交涉於「境識俱泯」的存有的根源的法界，亦即，認識作為實存的存在模式也同時是存有自身的去除遮蔽的力動。所以，「橫中有縱」，橫攝之認識作用之當下即具有與存有之縱貫創生之交涉。因此，認識活動的主體根源必然交涉於縱貫創生的存有性體。

(5)不縱不橫：性體創生的縱貫不是妄分別的意識所擬想的思辨形上學的異時的存有生起存有者（法性生起諸法）的縱貫，所以是「不縱」，心體具現的橫攝也不是妄分別的意識所擬想的思辨形上學的同時的內識具現外境的橫攝（意識具現諸法），所以是「不橫」。在此，妄分別的意識所擬想的思辨形上學的縱和橫都落入二元論和邊見，都是被圓教所批判的見解。不縱不橫意謂著藉著絕對無，藉著空義而悟入性體和心體的開放的整體性，悟入三法圓融、存有三態論和三態體用論之三法圓融。

2.對於牟宗三之一心開二門的二重存有論的批判考察

我已論述牟宗三哲學中所論的體用縱橫義，在此，並就圓教體用縱橫義的進一步發展做出前瞻。如前所述，牟宗三所論的體用縱橫義雖然對熊十力的體用論有所發揮，但也有所改定。熊十力在體用縱橫之課題上主張的是「縱貫橫攝」的思想模型❺⑧，申論三法圓

---

❺⑧ 參見賴賢宗，〈熊十力的體用論的基本結構與平章儒佛〉（《鵝湖》1994/4，此文亦收入本書）的第三節「縱貫、橫攝、縱貫橫攝、不縱不橫與體用論之『體用不分而有分，分而仍不二』」的討論。

融的體用大義，而存有的轉折與概念的轉折在此三法圓融的體用哲學之中有其開展的不可取代的重要性，此與儒家哲學的現代契機有其必要的關連。相對於熊十力的三法圓融的體用哲學，牟宗三所論的體用縱橫，則是分離了縱貫系統與橫列靜攝兩個系統，且以一心開二門的二重存有論取代了熊十力的三法圓融的體用哲學。

我認爲：就中國哲學之圓教的充足意義而言，牟宗三的對熊十力哲學的發揮和改造包含許多仍待進一步開展的因素。牟宗三的一心開二門的二層存有論，是否能完整地詮釋天臺佛學之三法圓融不縱不橫的中國圓教之體系，我對此採取較爲批判和前瞻的態度。牟宗三的一心開二門的二層存有論比較起熊十力對於儒道之三的思想模型的解釋來說已有很大的差異，在此，熊十力提出體用論之「三」的思想結構的問題，以老子「一生二，二生三」與易經三爻的宇宙論思想進路中加以探討，以之說明其體用縱橫的基本結構。而牟宗三所理解的圓教則以一心二門之二重存有論爲其基本預設。

基於以上理解，吾人可對牟宗三所論的體用縱橫義與圓教，提出下列批判的考察：

⑴牟宗三雖然對天臺圓教之三法不縱不橫做了較清晰的闡釋，對於「三」的思想結構在心性論與本體的交涉之課題加以論列，但是，牟氏並未將此「三法不縱不橫」的闡釋運用於其新儒家哲學的論述，牟氏雖然也論述了新儒家哲學的三系的儒家圓教的思想模型，但由於牟氏自己的哲學取向著重於陽明心學的心體直上直下的縱貫創生，所以對於「三法不縱不橫」只理解爲詭譎地說，未能進一步探討其在體用論之創生性的深義。

⑵牟氏對佛教體用義的勘定認爲佛教的體用雖能相含相攝，乃

至於說是體用圓融，但佛家之體並不眞正能夠生用。所以，牟宗三認爲佛教圓教爲「縱貫橫講」，並不能是「縱貫縱生」，缺乏了道德實體的創生義，不能縱生亦因此不能言縱貫，亦不能「義以方外」，則失據而是一「團團轉的圓」。牟氏的此一批判並不恰當，並不符合佛家立教的基本事實。概而言之：

（a）慧能的開悟偈曾說「自性能生萬法」，此義（「性生」）在三法不縱不橫的義理規模中是貫通於禪、天臺與華嚴的。因爲，佛性和勝義自性是圓融地具有著空假中之三諦，空諦即是寂滅性，假諦即是生起性，生起性是三法圓融之佛性與勝義自性之一環。我以爲：勝義自性和法性創生性地「生起」諸法在某一意義下不僅是可以成立的，亦是禪、天臺與華嚴之根本要義所在，它彰顯了中國圓教之積極性格。林鎮國的〈新儒家「返本開新」的佛學詮釋〉一文曾指出熊十力與牟宗三「在佛學內部各系統中獨鍾眞常心系」❺❾，熊牟二人「重建了創生的本體論」❻⓿，在此，熊以「創生性的本體論」改寫了唯識學的核心概念❻❶，由佛歸儒，牟則「從儒家道德形上學立場會通釋、道與西方哲學，始終一貫」❻❷；熊牟都由佛歸儒，

---

❺❾ 林鎮國，《空性與現代性》，頁91。

❻⓿ 林鎮國，《空性與現代性》，頁91。林鎮國說：「熊十力和牟宗三兩位現代儒家對佛教的詮釋可以看到彼此之間的師承連續性，其共同的立場在於重建創生的本體論，在佛學內部各系統中獨鍾眞常心系」。

❻❶ 林鎮國，《空性與現代性》，頁74，「〔熊十力新唯識論〕此具自動創新、主宰官體與轉化境界性格的本心即是智，即是本體」；《空性與現代性》，頁78，「熊氏從印度唯識學的意識哲學轉向中國式玄學（本體宇宙論）的建構，終於完成於文言本《新論》以『翕』、『闢』二形上原則說明轉變」。

❻❷ 林鎮國，《空性與現代性》，頁91。

所以在判教上不強調如來藏佛教的「創生的本體論」，在此，熊牟二人的立場又有差別，熊十力不強調勝義自性和法性創生性地「生起」諸法，但是討論甚多之佛道所論之三的辯證，而基本上是隱然肯定佛道之三法圓融的生起義；牟在晚期的《圓善論》則明確地對於佛教是否能夠極成縱貫系統，加以質疑。牟宗三有見於一心二門之二重存有論中的心宗與性宗之迴環，而相較之下較忽略於東亞圓教之不縱不橫的三法圓融的深義，三法圓融是天臺佛學的特義，並不只是牟宗三所認為的只是般若通教的圓融性論理之弔詭地說，相對於此，三法圓融更有著佛性論的佛教存有論的關於諸法的存在性的積極肯定，三法圓融之說包含了體用縱橫義的相關討論在內。簡言之，禪宗所論的性生，天臺的性具和華嚴的性起也都需在此一東亞圓教之不縱不橫的三法圓融的深義之下加以檢視，而不能將之簡單地歸宿於一心二門之二重存有論。

（b）牟宗三的佛學詮釋體系的疑義：牟宗三的佛學詮釋體系以陽明心學的進路理解天臺佛學之一念三千，並不完全恰當，尤其牟氏認為天臺學不關心唯識與如來藏的交涉的命題，不是以識或以如來藏自性清淨心做為一切法存在的根據，只是以不斷斷的詭譎相即的方式保住一切法的存在，在性具三千之中宛然而有，更是減弱了天臺佛教的佛性存有論的積極面向，並不符合於天臺佛學的事實。又，牟氏以「作用的保存」闡示道家佛家的圓教，無視於佛教道家對於性體和心體的圓融的創生性的主張，牟氏此論亦不完全恰當。

第三節　體用縱橫與當代新儒學的進一步發展的課題

　　依以上對於體用縱橫之理解，吾人亦可順著此一體用哲學之新詮，從而對當代新儒學的進一步發展的課題加以討論，並提出下列對牟宗三的體用哲學的評論：

1.縱貫橫攝的體用義的衡定與對牟宗三的康德式的二重存有論的評述

　　牟宗三對體用義的衡定上承熊十力所抉擇的體用不二大義，但是，牟氏分列了「縱貫創生」與「縱貫橫說」，分別歸屬於儒與道佛，但是，我在上文指出：「縱貫橫攝」之義理模型才是熊十力體用哲學眞正完成。在熊十力的體用哲學當中，一方面，就道體的存有三態的開展而言，道體的縱貫創生的關係必然會包含了一橫攝的認知的關係，二方面，就體道者的認識而言，橫攝的認知的關係必然交涉於道體的縱貫創生。所以，「縱貫橫攝」是熊十力體用哲學的基本結構。這個闡釋也符合於我於另文所闡釋的「體用不二而有分，分而仍不二」的熊十力體用論的基本結構❻❸。

　　林安梧以爲：牟宗三的分列「縱貫創生」與「橫列靜攝」，實在是對於體用哲學的一種康德式的二重存有論方式下的理解，一如康德之區分現象與物自身，從而牟氏也區分「執的存有論」與「無執的存有論」，林安梧論牟宗三的二重存有論：

　　　　執的存有論一詞，取自牟宗三氏《現象與物自身》一書，我

---

❻❸　參見賴賢宗，〈熊十力的體用論的基本結構與平章儒佛〉的相關論述。

以爲牟氏將熊氏在《新唯識論》中所開啓的形上學做了一個體系的完成，而且這樣的完成方式是較爲康德式的，與熊氏原先之論點已有所不同**❻❹**。

在林安梧的詮解當中，熊十力的體用論是通「執」與「無執」爲一貫，是一個「縱貫橫攝」的體系，和牟宗三的區分執的存有論與無執的存有論的二重存有論已有所不同。**❻❺**林安梧以「存有三態論」重新詮釋了熊十力的體用論，扭轉了牟宗三的二重存有論，而回到存有開展的三的辯證，林安梧的這個詮釋較能詮釋出中國哲學的三的辯證的思想特色，而其「存有三態論」通於我的佛教詮釋學的三法圓融的佛性存有論。

我所說的三法圓融的佛性存有論和牟宗三的一心開二門的二重存有論的不同有下列幾點堪值注意：

a.前述牟宗三所引的天臺宗之知禮所說的「性德三法與修德三法間之離合」並不論及「性修離合」。牟宗三所論的天臺圓教之爲「縱貫橫講」系統，只保存了境界型態的縱貫系統和依此而有的橫講之作用的保存。但是，這和天臺佛性論三法圓融的佛性存有論已有一段距離，天臺佛性論三法圓融的佛性存有論具體地論述了「性修離合」。簡言之，牟宗三認爲天臺佛學當中的心體和性體都不具有實體創生義，壓平了「性修離合」成爲橫講的詭譎言說和所謂的作用

---

❻❹ 林安梧《存有‧意識與實踐》，頁88之註**❼**。

❻❺ 牟宗三雖然也提出「良知的自我坎陷」一說，但是在執與無執的二重存有論當中，對於熊十力體用哲學所論的存有的轉折與概念執定的內在銜接而言，已有所失落。

的保存，而我們認爲，天臺佛學仍然肯定三法圓融的佛教存有論的勝義實體的創生性，「性修離合」是論述了心體與性體一方面具有體用之縱貫與橫攝的創生性（「性修離合」之「合」），二方面又入於不縱不橫的畢竟空（「性修離合」之「離」）。

　　b.牟宗三將「一心開二門」當作哲學的共同模型。「一心開二門」雖然也能通於前述的「三態存有論」和「三位體用論」，但是畢竟是傾斜向康德式的二重存有論。當然，康德的二重存有論也包含著種種的詮釋的可能性，但是卻傾向於物自身不可知論的現象與物自身區分之下的二元分離的模式，和存有力動的三的辯證已有所不同。

　　c.一個相關的問題是：朱子之「心統性情」及其交涉於「易體、道理、神用」的體相用之向度，此更近於三法圓融的東亞圓教模型，但在牟宗三的宋明理學詮釋體系當中，朱子的體系被放置於較低的位置，認爲朱子是「別子爲宗」。

　　d.牟宗三以佛教佛性論不具有眞正的創生義，所以認定佛家圓教是「縱貫橫講」，又認爲佛家佛教佛性論不具有眞正的創生義，因爲佛家圓教是「縱貫橫講」的系統。這個論述包含了一個邏輯循環的謬誤，在此，牟宗三並未對下列問題做出說明：

　　（a）創生性的問題：牟宗三爲何可以聲稱佛教佛性論不具有眞正的創生義？如果如牟宗三所說，佛家道家的玄理（一如牟宗三所論）所關心的是創生活動之「如何」創生而非創生活動之創生「什麼」的問題，那麼，牟宗三爲何又能聲稱佛教佛性論不具有眞正的創生義？因爲，天臺佛學的佛教佛性論明白認可三法圓融意義下的勝義實體的的創生義，所以牟宗三的聲稱是需要被進一步反省的。又，

在三法圓融的佛性論當中，「如何創生」的課題是包含了「創生了什麼」的課題在其中，「創生了什麼」的「什麼」預設了這個「什麼」的實存的存在形態，亦即，預設了「這個什麼如何創生」的課題，這個「什麼」預設了「存有的力動的開顯的方式」。如果我們把「創生了什麼」割離於「如何創生」的課題，這只是種本質思考和表象性思考，並不能達到存有自身和存有力動。

（b）體用縱橫義的問題：牟宗三分判了「縱貫縱生」、「縱貫橫講」之系統及分列了「縱貫系統」和「橫攝系統」，但並未「眞正地」說明此種分判和分列的理由根據是什麼。如果在存有力動當中，在存有三態論當中，認識做爲實存的存在模式是存有自身的力動的開顯，那麼，「縱貫橫攝」的體用義的成立就是必要的。

就此兩個問題，吾人以爲，首先，就前一問題而言（就問題（a）所言之創生性問題而言）：三法圓融的佛性論是在「如何創生」的課題向度中包含了「創生了什麼」的課題，前者有著哲學研究上的優先性。因爲，在三法圓融的佛性論所論的空假中的三的辯證開展中，創生性被瞭解爲下列的程序：在無所有的中道實相中（相應於「中」），依於實相自身之能動性與全體性，此實相當下開展爲緣起的諸有（相應於「假」），此緣起諸法又當下是無所有的（相應於「空」）。

其次，就後一問題而言（就問題（b）所言之體用縱橫義的問題而言），牟宗三並未說明「縱貫橫攝」爲何不可能？或者說，牟宗三也認識到「縱貫橫攝」系統之當代意義，但是他的圓教判教對此並未有恰當之說明。如果知識是人的實存的存在模式之一，那麼知識的批判是指向人的終極關懷，指向道體的縱貫。如果「精神性的認識」活動是道體的呈顯活動，那麼，精神性的認識的橫攝和道體縱貫有其內在交涉；

所謂「乾知大始，坤作成物，乾以易知，坤以簡能」❻❻、「成象之謂乾，效法之謂坤」，「乾」正是易體力動的認識原理；又如緣因佛性和了因佛性是性又是修，是所亦是能，故與正因佛性不縱不橫而爲三德秘密藏，❻❼緣因佛性和了因佛性就是佛性的體性力動之認識原理和體用義之橫。前述林安梧的闡釋以及我對於體用縱橫義之新論，就是採取這個看法，認爲「縱貫橫攝」一義之成立在體用縱橫義之討論上，有其不可取代的必要性，從而對之展開闡釋。

2.圓教之不縱不橫與儒佛會通的本體詮釋學

底下先簡述新儒家所論的體用縱橫義，再論述儒佛會通的本體詮釋學。

首先，當代新儒家所論的體用縱橫義可簡述如下：

a.熊十力：熊十力以「體用不二而有分，分而仍不二」爲其體用哲學的基本結構。全體在用，全用在體，故體用不二，但用之分殊性雖是散殊橫列，可是若無分殊性作爲用之原理，則亦不能充份彰顯體之創生性，所以體用雖不二而必有分。復次，雖既已分殊，但

---

❻❻ 易繫辭上傳上，第一章。

❻❼ 牟宗三也說，「性德三軌中即含有修德之可能。此可能之關鍵即在緣了二佛性也。緣因佛性和了因佛性是性又是修，是所亦是能，故與正因佛性不縱不橫而爲三德秘密藏」，肯定了佛性不縱不橫而爲三德秘密藏，但牟宗三又把此一三德秘密藏壓平爲「依詭譎之方式而爲不斷斷之解脫」，並不肯定勝義實體的創生性，牟宗三說「眞心即《中論》所說之寂滅相，由圓解脫與圓實相般若處而見者，是一個境界，不是一個法，尤其不是一個實體性的法」，見牟宗三，《佛性與般若》，頁614。

仍通貫於體用本不二,一念迴機,在二而不二當中仍能返本開新,
俱成其美。

b.牟宗三:熊十力以「體用不二而有分,分而仍不二」為其體
用哲學的基本結構,雖已以縱橫義來討論體用,但其所論的圓教之
縱橫義之中的體用,仍有相當大的討論空間。牟宗三在《性體與心
體》首先衡定了體用義,歸於一心開二門的二重本體論,並認為佛
家之體並不具有道德性體之創生義。其次,在《佛性與般若》討論
了天臺圓教所論的性修不二說所包含的體用之縱橫義。在《中國哲
學十九講》,牟宗三則將體用縱橫義運用於闡釋儒家圓教,並認為
天臺圓教只是縱貫橫講,終歸於「團團轉的圓」,而未如儒家圓教
之縱貫縱講之能直承道德性體之創生,繼善成性,含弘光大。我認
為:統而觀之,牟宗三由天臺圓教所論之體用縱橫義來重解儒佛圓
教之基本模型,在體用哲學的詮釋語言上是一個重要的進步,但是
他歸宗於一心開二門的二重存有論,並評斷天臺圓教只是團團轉的
圓,則是牟宗三個人對體用哲學的發揮,如林安梧和我前文的闡釋
所曾指出的,在某些方面已和熊十力的體用哲學有一段距離。

c.林安梧:熊十力以「體用不二而有分,分而仍不二」為其體用
哲學的基本結構,我在此認同林安梧的熊十力體用哲學的詮釋。依
此,我認為:「體用不二」故「縱」,性體之縱貫創生為大用。體
用不二「而有分」故「橫」,此「分」意指存有的原初分裂,但此
一分裂仍是在存有的力動當中的內在轉折的分裂,故「分而仍不二」,
在此,性體之縱貫創生包含著存有的內在轉折並在此轉折中具有對
概念的執定,亦即縱貫的創生包含了認識論的橫攝,認識論的橫攝
也相通於性體的縱貫的創生。所以,「體用不二而有分,分而仍不

二」即為關於體用哲學之「縱貫橫攝」之一種說明。

　　d.我對新儒家哲學所論的圓教體用哲學之體用縱橫義的總評：
熊十力以「體用不二而有分，分而仍不二」為其體用哲學的基本結
構，已包含了「縱貫橫攝」的圓教的基本模式在其中，亦即：熊十
力的體用不二哲學，不是簡單的講體用之不二而已，而是在前述的
存有三態論、三態體用論中，有其存有之轉折與概念之執定。熊氏
雖未如牟宗三之以圓教之縱橫義說明體用論，但是熊十力的體用哲
學應是符合林安梧所抉擇的縱貫橫攝的模式。牟宗三以他自己的一
心開二門的模式論體用之縱貫義，一方面是留有強烈的康德式二重
存有論的印記，分離了執的存有論與無執的存有論，二方面是有著
太過強烈的陽明心學的性格，強調道體的縱貫創生為用，卻忽略了
存有之轉折與概念之執定的積極面向，此一轉折和執定在圓教中的
重要地位已被忽略了，因此牟宗三所論的圓教的模式和林安梧所抉
擇的熊十力的三態體用論、存有三態論已有一些本質上的不同，我
對儒家佛家的體用縱橫義的論述，基本上也贊成林安梧的「存有三
態論」的立場。

　　e.從圓教之不縱不橫到儒佛會通的本體詮釋學：熊牟林已論述了
儒佛哲學之體用論之體用縱橫義，但未及論述此中之不縱不橫之圓
教所以為圓之深義。不論是熊、牟、林，對天臺佛教之圓教之體用
縱橫義的把握皆有所不足，天臺佛教之圓教之被遺漏掉之圓教體用
義表現在下列三方面：⑴天臺佛學的佛教存有學：即三即一和即一
即三、⑵佛教知識論或超存有學：不縱不橫、⑶實踐論和解脫學：
性修不二之一念三千所彰顯的價值與解脫的實踐行動。

　　其次，關於本體詮釋學與圓教之體用縱橫以及儒佛會通的相關

課題，論述如下。

吾人可進一步從本體詮釋學的立場，發揮圓教之體用縱橫義如下：縱貫是圓教的存有論之軸向，橫攝是圓教的認識論之軸向，圓教之圓是因為存有論的縱貫軸與認識論的橫貫軸在一念之迴轉當中有其三法不縱不橫之交涉與圓融。此一「不縱不橫」具有「不橫」與「不縱」兩方面，皆在一念迴轉中得以開展與圓成，此中有四點堪值注意：

第一點，一方面，「不橫」否定了染識之認識論的執著，法性與諸法（道與器）的關係並非是染識的認識論的同時性的內識與外境的具現關係，並不是諸法在妄分別的染識中同時生起和變現。新儒家哲學所論的易知簡能的用上的橫攝也不是妄分別的染識中的主客二元分離的同時性的生起和變現。

第二點，二方面，「不縱」否定了執的存有論的存有論的顛倒見，法性與諸法（道與器）的關係並非是執的存有論的異時性的法性與諸法的生起關係，並不是先有法性，再縱貫創生出後來的諸法。新儒家哲學的本心與萬物的關係也並不是執的存有論的異時性的生起關係。

第三點，三法不縱不橫，宇宙本體之動轉生化在一心之即念離念當中有其充量和諧，所以有圓教之圓。「三法圓融說」所理解的法性與諸法的關係，不再是二元分離之架構下的法性與諸法的關係，而是通過一念回轉之「絕對的中介」，使法性與諸法與此一中介皆成為一動轉的圓環。在此，一方面彰顯本體之生生不已之健德，縱貫橫攝，肯定佛性體性之勝義實體的創生性；二方面超越了染識妄有之縱與橫之妄染執著，不縱不橫，不離於根本空義。新儒家哲學

所論的寂感，也是如此，易傳論易體之感通曰「易無思也，無爲也，寂然不動，感而遂通」❻，可以理解當中所蘊含如下的新儒家哲學的體用縱橫義，「寂然不動」是體用縱橫義之「不縱不橫」，超脫習心之妄執與思辨形上學之擬想，「感而遂通」是體用縱橫義之「縱貫橫攝」，成就德性價值之實踐並通貫於體性之天德流行。

第四點，三法不縱不橫之動態的生機無限的圓成，在所謂的「不縱不橫」當中，具有「生生」與「寂滅」的兩層意義，必須進一步說明。首先，不縱不橫的生生義，宇宙是三法的動轉迴環，所以是不縱不橫之動轉中的圓，而爲圓教所教示的圓融，天臺佛學說爲三法如伊字三點不縱不橫。其次，不縱不橫的寂滅義，三法不縱不橫之「不……不……」的句式，一方面超越了對空的妄計和對有的染執，雙超空有。另一方面雙超空有，又雙融空有，將空與有在三法圓融中重新加以把握和開展，顯示了圓教的積極性格。

3.儒家心性論的意向性分析與儒家的歷史社會的面向之進一步開展的需要

林安梧在《存有・意識與實踐》的「卷後語」指出當代新儒家哲學傳承發展的要務在於「由牟宗三而熊十力，在由熊十力而王船山」❻。亦即，首先，由儒學心性論的康德式的主體性分析進至於意向性分析，因爲，蕺山的儒學心性論，強調「意念」、「誠意」

---

❻ 易繫辭上傳上，第十章。

❻ 林安梧《存有・意識與實踐》，頁373。

和「慎獨」，正有著豐富的「意向性的儒學」的可能性。**⑰**，其次，再由「意向性的儒學」走向船山的開出人文化成的歷史性向度的儒家哲學。林安梧繼而指出，

> 從劉蕺山的意向性的儒學，至黃黎洲、王船山則又開啟了一歷史性儒學的可能……他〔熊十力〕的哲學可能走向主體性的一面，亦可能走向意向性的一面，亦可能走向歷史性的一面**⑪**。

蕺山論「心之性情」，反對舊有的朱子關於「心統性情」之道德主體性的割裂性與情之形式主義分析，以心之意向性活動爲即性即情之意念活動，將主體能動性開放到與意念相關涉的具體世界。黃黎洲、王船山承蕺山之學而更有所開創，從心之意向性的意念活動的儒家心學，更進一步開出人文化成的精神性的歷史世界，開出儒家哲學的新向度，在人文化成的歷史性當中，性理和心之能動性二者交涉在人類的意念活動的場域，歷史是人道與天道相合的場域。由「朱子重理」到「陽明重心」再到「蕺山船山重氣」，這是新儒學心性論的一波三折，關於此中之理心氣的三個環節的發展，從道德的主體性分析到林安梧所謂的「意向性的儒學」，再到船山的開出人文化成的歷史性向度，爲新儒家哲學之發展的三個內在環節，不僅體現了新儒家哲學的心性論與體用論的思想結構，也極具與德意志觀念論的對比研究的價值，唐君毅先生曾對此中問題論之甚詳，

---

⑰　林安梧《存有・意識與實踐》，頁347。
⑪　林安梧《存有・意識與實踐》，頁347。

釐清了新儒家哲學之發展與德意志觀念論的對比性的內在環節，這個面向仍待開拓，我對這個論題的闡釋見於本書的〈唐君毅早期哲學與德意志觀念論〉一文。⑫

後記：1998年9月27日-10月17日，於臺北寫成初稿，1998年11月及1999年9月分別再改，曾發表於1999年9月29日「孔子學術國際會議」，2000年2月改後定稿。

---

⑫ 參見唐君毅，〈王船山之人文化成論・下〉，收於《中國哲學原論・原教篇》，相關的討論見頁664-666。賴賢宗，〈唐君毅早期哲學與德意志觀念論〉，先前發表於《鵝湖學誌》，1997年六月，此文亦收入本書。

八、近五十年來臺灣當代新儒家哲學之研究與前瞻

本文綱要

　　本文論述當代思想脈動中的以牟宗三哲學爲主的近五十年來臺灣當代新儒家哲學之研究，並以關於此一研究的反思爲基礎，討論臺灣當代新儒家哲學思想的前瞻性議題。首先，〈導言〉交代了「五十年來臺灣地區的當代新儒家哲學的研究概況」的背景知識，本文就進入哲學反思的層面，在各節展開相關論述，第一二節分別討論臺灣當代新儒家哲學思想在中國思想史的內部外部的突破與創見，第一節就內部而言，討論牟宗三的當代新儒家哲學在圓教論與體用縱橫義之上對中國哲學的思想模型之詮釋。第二節就外部而言，討論走向東西哲學之會通的牟宗三的當代新儒家哲學。第三節討論臺灣當代新儒家哲學思想的在未來的思想創造上的前瞻，分爲四個主題來探討：當代新儒家哲學哲學的歷史反思：熊十力、牟宗三、唐君毅與方東美的體系之差異，2.中國哲學之圓教的進一步重省，重新反思中國哲學的思想基盤，3.人文精神之進一步落實於當代社會與臺灣本土情境，4.新判教的哲學思考與多元論哲學、文化會通。

本文內容區分如下

導　論

　　1.當代新儒家哲學與當代新儒學

　　2.五十年來臺灣地區的當代新儒家哲學的主要貢獻

　　3.牟宗三與臺灣

第一節　牟宗三：圓教思想的當代重構與中國哲學的當代詮釋

　　1.《心體與性體》建立儒家圓教的要點

　　1.1　以縱橫說體用

　　1.2　牟宗三論儒家圓教之分系與批判考察

　　2.平章儒佛：《心體與性體》對佛家體用義的衡定

　　2.1　佛家體用義序說

　　2.2　《心體與性體》附錄〈佛家體用義之衡定〉論佛教圓教
　　　　　之體用義之衡定

　　2.3　佛家體用義之批判：佛家圓教歸於圓融地滅，偏於出世

　　3.中國圓教之本體詮釋學與牟宗三的圓教論之批判

第二節　走向東西哲學之會通：牟宗三的一心開二門的二層存有論
　　　　的重檢

　　1.論題的提出：開啓當代新儒家哲學的新契機的牟宗三哲學

　　2.當代新儒家哲學的新的出發點：一心開二門作爲哲學的普遍
　　　架構

　　3.走向跨文化哲學的建構：牟宗三的二層存有學，執的存有學
　　　與無執的存有學

第三節　臺灣當代新儒家哲學思想的前瞻

　　1.當代新儒家哲學的歷史反思：熊十力、牟宗三、唐君毅與方

東美的體系之差異

2.中國哲學之圓教的進一步重省，重新反思中國哲學的思想基盤

3.人文精神之進一步落實於當代社會與臺灣本土情境

4.新判教的哲學思考與多元論哲學、文化會通

關鍵字：現代新儒家哲學、牟宗三、唐君毅、本體詮釋學Contemporary new Confucianism、Mou Zongsan、Tang Chun-i，Onto-hermeneutics

導　論　五十年來臺灣地區的當代新儒家哲學的研究概況

1.當代新儒家哲學與當代新儒學

　　當代新儒家第二代哲學家牟宗三、唐君毅與徐復觀被當世推尊爲海外新儒學的最重要的三位大思想家，他們都與臺灣深有淵源。他們共同的老師熊十力先生在哲學思想上達到了當代儒家哲學上的突破，熊十力是當代新儒家哲學的第一代開創者，而第二代的代表哲學家牟唐徐三人在港臺的宏揚當代新儒家哲學的努力，則使當代新儒家思想靈根自植，開花結果。他們培養了一批優秀的第三代新儒家哲學家，尤以牟宗三對他們的影響最大，第三代學者如劉述先、蔡仁厚、王邦雄、曾昭旭、李明輝、林安梧、袁保新、楊祖漢、高

柏園及其他重要學者，是臺灣舉足輕重的一個哲學學派，可以稱爲牟宗三學派，以「鵝湖月刊雜誌社」及「東方人文學術研究基金會」爲中心，這個當代新儒家哲學第三代學者所形成的當代新儒家哲學學派雖然在思想創造力上，近年來有走向疲軟的趨勢，但是這個學派也正和其他對新儒家的批判反思的思想運動在臺灣相激相盪，在新的激盪下，很可以期待當代新儒學在未來可以綻放奇花。復次，當代新儒家哲學第三代學者致力使當代儒學思想於新土綻放新芽，流向歐美日學界，並在1986年以後藉著「現代新儒家思潮研究」七五期間國家重點研究課題，回流中國大陸❶。本文探討五十年來臺灣的新儒學哲學的學術研究史，此一回顧不僅對於臺灣五十年來的思想史深具意義，也對世界與整個中國的儒學研究與中國哲學未來研究，具策勵將來的意含。

我們必須釐清「當代新儒學」與「當代新儒家」一對概念❷。廣義的當代新儒學包含了⑴前述的當代新儒家哲學的牟宗三學派及⑵非牟派的幾批當代新儒學的研究者，就與臺灣儒學發展有關者而言，這包含了方東美、錢穆與勞思光以及他們所培養出來的學術精英，如現在在臺灣任教與研究的沈清松、傅佩榮、葉海煙等學者及

---

❶ 1986年11月，在北京召開的「全國哲學社會科學『七五』規劃會議」通過了將「現代新儒家思潮研究」列爲七五期間國家重點研究課題，並通過以天津大學哲學系的方克立教授與廣州中山大學的李錦全教授爲課題負責人，隨後網羅了十六個單位的四十七位學者，此一課題組的研究成果與相關研究影響深遠，帶動了「現代新儒家思潮」在中國大陸的復興。

❷ 關於「當代新儒學」與「當代新儒家」一對概念的區分，請參考鄭家棟〈新儒家：一個走向消解的群體〉一文第三節「新儒學和新儒家的區分」，收於鄭家棟，《當代新儒學論衡》，臺北，桂冠出版社，1995。

在海外任教而對臺灣深具影響力的儒學研究者，如余英時、成中英、林毓生、張灝、杜維明，此中尤以成中英和杜維明最具哲學深度。這些人並不完全認同當代新儒家哲學家熊十力、牟宗三的基本主張，他們甚至對於熊牟的思想提出各種激烈的批判，這些人因此不能算作「當代新儒家」，但仍能算作「當代新儒學」的研究者，因為他們對儒學的文化意涵與儒家哲學的當代建構之貢獻，雖然在相關的見解上不同於牟宗三學派的當代新儒家，但都在思想反省上做出了不可多得的貢獻❸。

當代新儒家哲學家當中與臺灣的淵源最深的是牟宗三先生，是其中最具有理論的創造力並建構思想體系者而被研究最多的哲學家。鄭家棟就此指出「無論在體系的完整和思想的深刻、圓融方面，牟宗三哲學都堪稱是現代新儒學發展的一個峰巔，同時它也代表著一條發展線索的終結」❹。底下的論述環繞著(1)牟宗三關於圓教思想的當代重構與其中國哲學詮釋(2)牟宗三的一心開二門的二層存有論的重檢與其在東西哲學之會通上的意義，加以討論。本文並就當代新儒家思想的發展歷史，反思熊十力、牟宗三和唐君毅的體系之差異，並就(3)臺灣當代新儒家哲學哲學的前瞻，提出一些看法。我們在此簡要的論述了當代新儒家哲學家之外的當代新儒學思想家對於儒學發展的見解。

---

❸　劉述先則提出「當代新儒家可分廣狹二義」，並在香港的新亞書院的新儒家之外，另立臺灣的東海的新儒家，參見劉述先，《新儒學的開展》，東海大學通識教育中心編印，1997，頁54-60。

❹　鄭家棟，《當代新儒學論衡》，臺北，桂冠出版社，1995，頁111。

2.五十年來臺灣地區的當代新儒家哲學的主要貢獻

首先論列五十年來臺灣地區的當代新儒家的儒學研究的主要貢獻，簡言之如下：

⑴第二代的當代新儒家哲學力求恢復中國傳統儒學的道德主體，奠定了儒家的道德的形上學，給予傳統儒學的心性論以新的生命（牟唐徐）。

⑵建構學統、道統、政統的「三統論」與「良知坎陷說」（牟宗三），以吸納西方的政治主體與知性主體。

⑶重新詮釋儒釋道三家哲學，使中國哲學在面對西方哲學的挑戰時，能延續傳統，並開出東西哲學融會之新義。（牟唐徐）

⑷重新詮釋中國文化史，證明中國文化的眞精神與專制政治的不相容，從事中國人文精神的當代重建（徐復觀、唐君毅）。開展新考據，反對乾嘉學派及疑古派反中國文化眞精神的舊考據（徐復觀）。

3.牟宗三與臺灣

牟宗三對臺灣現代新儒家哲學的影響可由他在1949年中共統治大陸之後的經歷而見出。分爲下列個時期：

⑴1949-1960年，在臺灣的第一個時期：1949年（41歲）夏秋之間，隻身渡海來臺。徐復觀創民主評論半月刊於香港，並設分社於臺北，牟先生即住於民主評論臺北分社。1950年秋，應聘於臺灣師範學院（即後來之國立臺灣師範大學），1950-1956年秋任教臺灣師範學院國文系，1956年秋至1960年，任教於臺灣臺中之東海大學中文系。

1958年，牟宗三與唐君毅、徐復觀、張君勱共同聯名發表「爲中國文化敬告世界人士宣言」。1956、1957年出版《認識心之批判》上下冊（1949年春完稿），初步提出了後來所說的康德式的二重存有學；1956-1957年，於東海大學撰寫《五十自述》。政治哲學三書之出版：1955年，出版《歷史哲學》；1959年，於東海大學出版《道德的理想主義》；1961年，出版《政道與治道》，認爲當代儒家之文化使命爲三統之完出，亦即，重開生命的學問以光大道統、完成民主政體建國以繼續政統、開出民主科學知識以建立學統；並提出「良知坎陷說」。

(2)1960-1976年，來往港臺：這段期間牟宗三雖然旅居香港，他仍透過著作及早年在臺的弟子門人，發揮了在臺的影響力，牟先生在與臺灣學界和學生的互動過程當中，一步步建構出他的思想體系。牟先生這時期的港臺行蹤如下，1960-1968年，任教於香港大中文系，1964年3月起返臺在東海大學講學半年，1968年應唐君毅之邀轉往香港中文大學中文系任教，1974年牟宗三與唐君毅一起由香港中文大學退休；1974年10月起，應文化大學之聘，來臺講學數月❺；1975-1976年牟宗三在香港任教於新亞研究所。這段期間，牟先生在臺灣陸續出版了他自己的重要學術作品，成爲當代新儒家哲學的里程碑：1968、1969年在臺出版《心性與體用》三冊（1961年開始撰寫）。1971年在臺出版《中國哲學與智的直覺》（1969年完稿）。1975年在臺出

---

❺ 這次在臺講學專題演講：「儒家之道德的形上學」、「道家之無底智慧與境界形態上的形上學」、「佛家的存有論」、「宋明儒學之三系」，皆整理成稿，於《鵝湖》第三、四、六、七期陸續刊出。

版《現象與物自身》（1973年夏完稿）。

　　⑶1976-1995年，重回臺灣：1976年至1979年，牟宗三在臺灣大學哲學系擔任客座教授，蔡仁厚指出「臺大三年，正乃先生最爲圓熟、最富興會之講學階段也」❻，牟先生將這次回臺講學比做「孔子歸魯」，旨在「返臺作數年之講學，以爲學術留存種子」❼，通過他在《中國哲學十九講》的對中國哲學史的反思，通向後來的「圓善論」的當代中國哲學的新判教的理論建構。1977年在臺出版《佛性與般若》。1980-1995年，牟宗三往來臺港兩地講學，如1982年十一月下旬，在臺灣大學主講「中國哲學之契入」與「中西哲學會通」兩課程，這是牟宗三在臺灣的大學當中的最後一次長期講學。1989年10月，「中國哲學研究中心」成立，禮聘先生爲研究講座。據蔡仁厚的〈牟宗三先生學思年譜〉，牟先生於1985、1986、1987、1988、1989、1990年皆在臺講學。1990、1992年，返臺參加「當代新儒學國際會議」，1993年參加「國際東西哲學比較研討會」。1993年起，常住臺北直至1995年4月9日病逝臺北爲止，1994年3月起，在臺北鵝湖文化講堂，主持每週一次的學術講座。這個時期的重要學術著作有：1983年在臺出版《中國哲學十九講》（原爲1978年臺大哲研所講錄）；1985年在臺出版《圓善論》。

---

❻　蔡仁厚，《牟宗三先生學思年譜》，臺北，1966，學生出版社，頁50。
❼　蔡仁厚，《牟宗三先生學思年譜》，臺北，1966，學生出版社，頁50，另見第41頁。

第一節 牟宗三：圓教思想的當代重構與中國哲學的詮釋

本節討論牟宗三關於圓教思想的當代重構及其對於中國哲學的當代詮釋的貢獻，先由《心體與性體》論牟宗三所闡釋的圓教與體用，闡釋牟宗三對於佛家體用義的衡定與其平章儒佛，牟宗三所論的儒佛圓教與體用義，包含了某種可被進一步反思的中國哲學的思想模型。本文因此再論述中國圓教之本體詮釋學（Onto-Hermeneutik）❽，釐清牟宗三圓教論在中國圓教之本體詮釋學的系統當中的地位，並由此批判地反思未來中國思想進一步發展的新路。

早在《心體與性體》的本文當中，牟宗三即提出了儒家圓教的成立要點於道德實體的創生義，論述了體用的縱橫義，以之辨別儒佛，並以程明道的一本渾淪之道論爲「儒家圓教之造型者」，而提出體用縱橫的相關的存有論根據和認識論根據等等儒家圓教基本模型的要點。《心體與性體》附錄〈佛家體用義之衡定〉中，釐清佛家之眞如空性與緣生之關係是否爲體用論的關係，以此衡定了佛教

---

❽ 本體詮釋學（Onto-Hermeneutik）一詞的涵義參見貝克（Heinrich Beck）與史米貝（Gisela Schmirber）編，《世界文化會通之下的世界和平》（「三的辯證與存有力動」學術叢刊，第九冊），第354-355頁；在中文世界中，成中英的〈方法概念與本體詮釋學〉也發展了本體詮釋學，此文收於《知識與價值：成中英新儒學論著輯要》（北京，1996），及〈從本體詮釋學看中西文化異同〉，收於《中國文化的現代化與世界化》（北京，1988）。筆者的相關論著有《佛教詮釋學》與整理出版中的德文專著。

之體用義。牟氏於說明了佛家圓教歸結於圓融地滅，偏於出世，所以其體用義並非有實體義，而只有作用的保存的意含，又撰寫了〈道德意識之豁醒，內在道德性之性理、實理、天理之挺立〉一節，闡釋了建立儒家圓教之起點在於道德實體的創生義。

　　體用縱橫義的探討和判定為理解牟宗三哲學的關鍵，因為體用義的討論貫穿於熊十力與牟宗三兩人，不僅可藉此觀察到新儒家哲學的兩位代表性的哲學家的相通之處，體用論也正是熊氏的哲學突破之關鍵，而體用縱橫義的判定正是牟宗三據以論述儒家和佛教的圓教說的理論根據。但是，學界迄今對於牟宗三哲學所論的體用縱橫義猶缺乏一個較完整的研究和批判底反省，筆者曾著專文對此加以論述❾，本文也就此問題加以重檢。

　　本文由體用縱橫的觀點闡釋牟宗三《心體與性體》所提出的儒家圓教的基本模型，並進而進行批判地考查，筆者以為：牟宗三不承認圓教之縱貫橫攝之體用義的存在，以及對於中國圓教的不縱不橫三法圓融的表述的理解之侷限於弔軌相即之縱貫橫說之模型，使他對圓教的理解在終極上預設了一心開二門的二重存有學，筆者認為，牟宗三的這個理解部份地把握到了中國圓教的體用縱橫義，但並非全部。本文對牟宗三《心體與性體》所論的佛教體用義的衡定亦加重整，尤其是其附錄〈佛家體用義之衡定〉中所見的對華嚴天臺圓教之體用義之衡定，吾人可以見出，牟宗三日後在《圓善論》、《中國哲學十九講》和《中國哲學與智的直覺》所做的對於佛家道

---

❾　賴賢宗，〈牟宗三論體用縱橫：由體用縱橫重檢圓教的基本思想模型〉，發表於國際孔子學術會議，1999，臺北，並收入本書。

家圓教的種種圓教的種種評定，大抵不出此處所重整的《心體與性體》之所論，吾人對於牟宗三所衡定的體用義亦重新由圓教體用義的立場加以批判考察，以爲未來之儒道佛會通做好準備。

下文分爲下列三點，分別論述之：

1.《心體與性體》建立儒家圓教的要點

2.平章儒佛：《心體與性體》對佛家體用義的衡定

3.中國圓教之本體詮釋學與牟宗三的圓教論

1.《心體與性體》建立儒家圓教的要點

1.1 以縱橫說體用

牟宗三最早在《心體與性體》第一冊即已提出「圓教模式」，是爲了說明程明道的一本論的義理系統之綱骨特徵，認爲明道是儒家「圓教之造型者」。牟宗三說：

> 至明道則兩方面皆飽滿，無遺憾矣。明道不言太極，不言太虛，直從「於穆不已」、「純亦不已」言道體、性體、誠體、敬體。……故眞相應先秦儒家之呼應而直下通而爲一者是明道。明道是此「通而一之」之造型者，故明道之「一本」義乃是圓教之模型。從濂溪、橫渠、至明道是此回歸之成熟。兩方皆挺立而一之，故是圓教之造型者。❿

---

❿　牟宗三，《心體與性體》，第一冊，1978臺三版，頁44。

　　牟宗三在《心體與性體》第二冊亦已經以縱橫說明儒家仁體之
體用，在此闡明道蘊含在〈識仁篇〉之一本論，以豎說與橫說說明
仁體之「仁以感通爲性，以潤物爲用」，故知牟宗三以體用縱橫說
明圓教，並非始自《圓善論》，而是始自《心體與性體》。此一引
文爲牟宗三對於儒家的突破性反思，異常重要，故引長文於下。牟
宗三說：

> 故覺潤即起創生，故吾亦說「仁以感通爲性，以潤物爲用」。
> 橫說是覺潤，豎說是創生。橫說、覺潤不能自原則上劃定一
> 界限，說一定要止於此而不應通於彼。何處是其極限？並無
> 極限。……（案此橫說者即表示仁是一無限智心）。橫說是如此，
> 豎說則覺潤即函創生。故仁心之覺潤即是道德創造之眞幾，
> 此即含健行不已，純亦不已。（案就覺潤創生義說，仁不但是一
> 切德之根源，而且亦是一切存在之根源。無限的智心是道德可能之根據，
> 同時亦是存在之存有論的根據）。……綜此覺潤與創生兩義，仁
> 固是仁道，亦是仁心。此仁心即是吾人不安、不忍、憤悱不
> 容已之本心，觸之即動，動之即覺，「活潑潑地」之本心，
> 亦即吾人之眞實生命。此仁心是遍潤遍攝一切而「與物無對」
> 且有絕對普遍性之本體，亦是道德創造之眞幾，故亦曰：「仁
> 體」。言至此，仁心、仁體即與「維天之命於穆不已」之天
> 命流行之體合而爲一。「維天之命於穆不已」是客觀而超越
> 地言之；仁心仁體則由當下不安不忍憤悱不容已而啓悟，是
> 主觀而內在地言之。主客觀合一，是之謂一本。⓫

───────────

⓫　牟宗三，《心體與性體》，第二冊，1978臺三版，頁223-224。《圓善論》
　　重引此文並加討論，見頁261-262。

　　此引文已具備後來牟宗三所論體用縱橫與儒家圓教的諸要點，而為《圓善論》說明圓教之時加以引用，《圓善論》所論的縱貫橫說與儒家圓教之基本體格，都已見於在此一《心體與性體》論明道一本之論當中，由此可見，《圓善論》和《心體與性體》所論的體用縱橫和圓教並無不同。⓬牟宗三以明道之本渾淪之一本之論為儒家圓教之基本模型，此中據上引文有以下四點要點堪值注意：

　　⑴豎橫體用：此《心體與性體》之引文提出縱橫之說法，以之分別說明仁體之體用，亦即，縱（「豎說」）是創生，橫是覺潤（「橫說」）。⓭

　　⑵豎與橫之間無界限：　就仁體之圓成而言，創生與覺潤之間並無界限。豎說則覺潤即含創生，那麼，牟宗三在此肯定一儒家之縱貫創生橫覺覺潤之系統，以之為明道所創之儒家圓教之思想模型。

　　⑶存有論的根據與認識論的根據：橫說者，表仁是無限智心，仁是本體的認識論的根據，豎說者表實存之存有論的根據是性體之創生性。

　　⑷一本之渾淪與圓教：仁體之豎說橫說為明道一本之論，極成儒家圓教的思想模型。此圓教的思想模型包含了客觀面與主觀面、性宗與心宗的兩部份，客觀面之性宗著重於闡揚「維天之命於穆不

⓬　牟宗三，《圓善論》，見頁261-262。

⓭　論及豎說之創生與橫說之覺潤者又有《心體與性體》，第一冊，1978臺三版，頁143-144，論「本體宇宙論的直貫順成格局」：「知生成即知乾道之創造，此一本體宇宙論的格局，由之而明個體之成與性命之正，便是本體宇宙論的直貫順成義……此一意識是北宋諸儒自中庸易傳言天道性命相貫通之共同的意識，亦確是儒家之意識」。

已」的存有側面，主觀面之心宗著重於闡揚德性主體之「〔文王之德〕純亦不已」，而主客合一爲一整體之圓，說爲圓教。

1.2 牟宗三論儒家圓教之分系與批判考察

牟宗三以明道之渾淪之一本之論爲儒家圓教之基本模型，而有上述四項要點。此一見解亦影響到了牟宗對於宋明理學的義理分疏。牟宗三以明道之本渾淪之一本之論作爲儒家圓教之基本模型，就宋明理學的發展史提出下列省思。

首先，此一儒家圓教之基本模型一方面是評判簡擇北宋三家(周、張與明道)的思想根據，北宋三家重在從客觀面的天道、天理處立說，宇宙論與本體論的興趣較強，但多出以直覺的感悟，對天道天理的具體義理未能較恰當地充份展示，有待於五峰蕺山一系的繼起創造；又，北宋三家對道德主體的主觀面的義理發揮的仍嫌不夠，未如象山陽明之能發明本心。

其次，儒家圓教之基本模型在明道的一本渾淪之論之後，又開爲下列三系，將儒家圓教的發展的各種可能性十字打開：

(1)五峰、蕺山系：承繼北宋三子濂溪、橫渠、明道，客觀地講性理，以《中庸》、《易傳》爲主，主觀地講心體，以《論》、《孟》爲主。提出「以心著性」義，心宗與性宗合而爲一，而「退藏於密」，保任住了性天的超越性。此系之工夫以逆覺體證爲主。

(2)象山、陽明系： 回歸於《論》、《孟》，主「心即理」，以心學爲主，是三系中之心宗。工夫亦以「逆覺體證」爲主。

(3)伊川、朱子系：本《中庸》、《易傳》、《大學》，言「性即理」。以《大學》之橫列系統爲主，一方面就所傳來之性宗而言，

將《中庸》、《易傳》所言之道體、性體只理解爲本體論的存有，理是「只存有而不活動」之理；二方面就所傳來之心宗而言，於《孟子》之本心則轉爲實然的、心氣之心。此系之工夫特重後天的涵養與致知的工夫。牟宗三稱之爲「別子爲宗」。⓮

　　牟宗三上述所論的儒家圓教之基本模型和宋明理學的發展史的省思。我們可以進行下列進一步的反省：

　　牟宗三在將儒家的圓教的基本模型了解成明道的一本之論之後，又以心宗和性宗來說明此一本之渾圓所包含的兩個迴環：⑴由主觀的道德本心到客觀的性體的向上的迴向，和⑵由客觀的性體到主觀的道德本心的向下的迴向。此兩迴向構成了一本之渾圓。在此，主觀的道德本心是客觀的性體的認識根據，而客觀的道德性體則是主觀的道德本心的存在根據。客觀的道德性體縱貫地創生在天德流行之宇宙中的存在者，所以論及道德性體之於穆不已是豎說。又，主觀的道德本心觀照一切存在者在橫列殊散的世界中自健其德，生生不息，所以論及道德本心是純亦不已是橫說。雖然，牟宗三闡釋心宗性宗之大全與一本渾淪之圓教頗得其善。但是，牟宗三並未能進而闡明儒家圓教的「縱貫橫攝」的模型，以致於將新儒家中凡是涉及橫列系統者皆視爲歧出，因此將伊川、朱子的橫列系統皆視爲別子爲宗，而忽略了其伊川、朱子的橫列實爲「縱貫橫攝」中之橫列，「知」爲心統性情下的實踐之知、德性之知（phronesis），在此中，知識是存有的開顯的存在模式之一。伊川朱子的知識之靜涵靜攝並非如牟宗三所說的是「只存在而不活動」，而可以是「道問

⓮　牟宗三，《心體與性體》第一冊，頁49。

學」與「成德性」的動態辯證的實踐活動的一部份，是在知識與成德的辯證中的橫攝，此一橫攝靜涵在縱貫橫攝之系統中是上承性體之創生的。

2.平章儒佛：《心體與性體》對佛家體用義的衡定

2.1　佛家體用義序說

　　牟宗三著有〈佛家體用義之衡定〉，收於《心體與性體》，而爲其附錄。其宗旨在於釐清佛家之眞如空性與緣生之關係是否爲體用論的生起的關係。牟宗三就此指出：

> 佛教發展至如來藏之眞常心（自性清淨心），其眞如空性與緣生之關係幾似乎可以體用論矣。此形態之相似也。然由於其宗義之殊異（仍是佛），其體用義仍不可以無辨也。**⑮**

　　眞常心佛學所論眞如空性與緣生之關係疑似爲體用論的關係，牟宗三對此加以重檢。如來藏心之體用義有七種，大別之有二類，亦即，(1)眞如薰習體用與(2)三身體用。牟宗三就此指出「迤邐說來，皆表示如來藏心眞如體有一種體用義。……以上七點俱有體用義，實則只是眞如薰習體用與三身體用兩種。……以上許多表示體用義者，華嚴俱統之曰性起」，那麼，眞常心佛學所論體用義歸於「性起」一義，而有待重檢。**⑯**

---

⑮　牟宗三，《心體與性體》第一冊，頁580。
⑯　牟宗三，《心體與性體》第一冊，頁599-600。

2.2 《心體與性體》附錄〈佛家體用義之衡定〉論佛教 圓教之體用義之衡定

華嚴宗總結佛教體用義爲性起，牟宗三就此指出：

> 法藏賢首《華嚴經探玄記》對於〈寶王如來性起品、第二十二〉作總述云：「《佛性論》〈如來藏品〉云：「從自性住來至得果，故名如來」。不改名性，顯用稱起，即如來之性起。又，眞理名如名性，顯用名起名來，即如來爲性起。」❼

就三身體用而言，「只應報身處是正面的體用義」；❽但是法身與其功德性的關係只是性相合一，並不眞正是體用的關係。牟宗三就此指出：

> 嚴格説，法身自身不能算是體用，只可説是性相合一，其所具足之無漏功德性不能算是眞如體之用，只是它的相。❾

因此，三身之體用義必須落實在三身之體用的不離而可離的課題來討論，亦即三身雖三而如一，雖三而如一是轉直線爲曲線之智慧，這是佛教圓教的見地，牟宗三説：

> 然此體用不離而可離是一條鞭地一直上生説，也就是分解地稱理而談。此若依華嚴宗之判教説，猶是終教見地；若依天

---

❼ 牟宗三，《心體與性體》第一冊，頁600。

❽ 牟宗三，《心體與性體》第一冊，頁603。

❾ 牟宗三，《心體與性體》第一冊，頁605。

臺宗之判教說，此猶是「緣理斷九」之別教見地。此尚不是
迴轉圓融地說。但此三身體用可離而不可離，尚可三身如一，
無所謂現不現，無所謂見不見之圓融地說，即恆常如是之圓
融地說。此是轉分解爲圓融，轉直線爲曲線之智慧，此是圓
教之所以立。「問曰：若諸佛法身離於色相者，云何能現色
相？答曰：即此法身是色體故，能現於色，所謂從本以來色
心不二。……以智性即色故，說名法身遍一切處。所現之身
無有分齊……此非心識分別能知，以眞如自在用義故」❷⓿

此中之「色心不二（體）之眞如自在用義（用）」之「體用義」
則有待吾人之討論與抉擇，牟宗三認爲這種體用義是來自《起信論》
所開啓的圓教之門：

《起信論》此一段文即開一圓融地說之義理之門，亦即開一
建立圓教之門。吾人可再進而審量此「色心不二」之「眞如
自在用義」之體用義。……佛之「無量報身，無量莊嚴」，
亦自非心識分別所能測知，此即是「眞如自在用義」。……
《起信論》以「從本以來色心不二」一存有論的陳述爲「法
身離相而又能現相」之圓融地說奠立一客觀的基礎……亦是
客觀地從佛方面說是佛法身之自然現，眞如之自在用。有此
客觀的基礎，佛法身始能是客觀眞實圓滿之法身……吾人可
問：此「色心不二」一存有學的陳述在什麼情形下始可爲「客

---

❷⓿　牟宗三，《心體與性體》第一冊，頁610。

觀的真實圓滿法身」之客觀的基礎？❷

這裡所述的《起信論》所開啟的圓教之門隱含了後來牟宗三所著力發揮的「一心開二門」的「二層存有學」之思想模式，「心真如」為色心不二之體，此一體「隨緣現起」而生起為真如門和生滅門（用），「隨緣現起」說明了一心與二門之體用關係與生起義。在這裡，關於佛教體用義的衡定的問題變成了「隨緣現起」的課題之詮釋的問題。「隨緣現起」的理論可分為華嚴之「不變隨緣」與天臺之「理具隨緣」兩種，牟宗三認為前者是如來藏真常心之系統而後者是中論系統。牟宗三說：

> 吾人可名華嚴宗之「不變隨緣」以及因圓果滿之「性起」為如來藏真常心之系統，名天臺宗之「理具隨緣」為中論系統。華嚴宗原由地論師慧光系傳來，原與地論攝論宗有關，原是繼承初期真諦唯識學而展開。……但天臺宗則與如來藏、阿賴耶一系統並無多大關係。它是直接根據《中論》之空假中（因緣所生法，我說即是空，亦為是假名，亦是中道義）而收於止觀上講。❷

牟宗三又認為天臺圓教與華嚴圓教有所不同，此中差異在於天臺圓教是理具隨緣的實相之圓教，是作用性的，而華嚴圓教是實體性的圓教。牟宗三說：

---

❷ 牟宗三，《心體與性體》第一冊，頁610-611。

❷ 牟宗三，《心體與性體》第一冊，頁630。

據此，則知《摩訶止觀》實據《中論》四句求生不可得，遍
破一切偏執，而只假名相說一念三千也。其思路是就一念三
千作圓頓止觀，顯「即空即假即中」之實相。自非依據一超
越分解講圓教也。此種「理具隨緣」圓教，心思極活，極爲
空靈，極爲警策，亦是極爲「作用的」，與華嚴宗眞常心之
「實體性的」不同也。

華嚴宗之如來藏系統是由唯識宗向超越方面進一步而轉出，
天臺宗之理具系統是由空宗向裡收進一步而轉出。在印度，
空有平行。在中國，天臺華嚴平行。❷❸

　　牟宗三對佛教的基本判定，認爲天臺圓教爲「作用的」，華嚴
圓教爲「實體性的」。牟宗三認爲天臺佛家圓教究其實而講，只有
「作用的保存」的意義，而無「實體的創生」的意義，此種「崇儒
抑佛」的看法乃來自其師熊十力。❷❹又，華嚴圓教在牟宗三的詮解
中乃是「緣理斷九」，理法界何能創生諸法？因此，在牟宗三的理
解當中，華嚴圓教的思想進路雖爲「實體性的」，但是卻不能是眞
正的創生性實體性的圓教。牟宗三的闡揚天臺華嚴佛學，認爲在印
度，空有平行；在中國，天臺華嚴平行。熊十力既然檢校空有，平
章儒佛，承熊十力對佛教的根本判定的牟宗三，也依此一判定，重
新揀擇天臺與華嚴佛學。首先，牟宗三認爲華嚴佛學發揚了如來藏

---

❷❸　牟宗三，《心體與性體》第一冊，頁632。

❷❹　熊十力，《體用論》〈佛法上〉86頁，「佛家所以割裂性相爲二，蓋非無
　　故。佛法本是反人生之出世法」，110頁，「其談到眞如處，可著無不爲三
　　字否，佛氏只許説無爲，斷不許説無爲而無不爲，遂有廢用以求體之失」。

與唯識的交涉的命題,「華嚴宗之如來藏系統是由唯識宗向超越方面進一步而轉出」,進一步發揮了有宗的進路。其次,天臺佛學發揮了空宗的進路,天臺佛學立基於中論,而闡釋三諦的特解,開展了「一念三千」之說,詭譎地說、三法圓融地說諸法與法性的關係,成就一套牟宗三在《中國哲學十九講》中所說的「縱貫橫講」和「作用的保存」的圓教。㉕

2.3　佛家體用義之批判:佛家圓教歸於圓融地滅,偏於出世

繼承了熊十力對於佛教的批判的基本方向,牟宗三論佛教的體用義與圓教的結論是佛教圓教仍歸於「圓融地滅,圓融地出世」,牟宗三說:

> 而程明道即進一步復就此體用之總論而鞭辟入理地謂其「只有敬以直內,而無義以方外,要之其直內者亦不是」。蓋其直內只是染淨對翻,生滅不生滅對翻,其所直之內只是心真如體也。……(釋氏)雖極圓融、甚至說無世可出,無生死可度,無涅槃可得,說出如許圓融、弔詭的妙論,亦仍是圓融地滅,圓融地出世,不可詭飾而辯掩也。㉖

牟宗三認為佛教的體用義並不具有「實體的創生義」,因為,佛教雖言「無生死可度,無涅槃可得」,但仍然是歸於「圓融地滅,

㉕　牟宗三,《中國哲學十九講》,頁115-119,422-430。

㉖　牟宗三,《心體與性體》,第一冊,頁646。

圓融地出世」。由此可知，牟宗三對於佛教體用義的批判是預設了他對於儒佛體用義的分判，亦即，預設了佛教圓教是縱貫橫講而儒家圓教則是縱貫縱講的分判，預設了佛教是作用的保存和儒家是實體創生的分判，這種分判是牟宗三的思想預設，我們須要回到中國哲學的思想的底層，而予以進一步的反省，從而掌握其在思想系統當中的定位。下文「參、中國圓教之本體詮釋學與牟宗三的圓教論」，謹就牟宗三的這個思想預設，作出批判性的反思。

3.中國圓教之本體詮釋學與牟宗三的圓教論之批判

筆者曾在一篇英文論文〈The Speculative Philosophy of Buddhism, Global Thought, ang Inter-Religious Dialogu〉中論述中國圓教之本體詮釋學的下述環節：

第一組　本體詮釋學的基本結構：

(1)三一：即三即一，即一即三，三法圓融 (三法：空假中、天地人、陰陽太極)

(2)不縱不橫與縱貫橫攝

(3)性修不二與上下迴向

第二組　本體詮釋學循環與知識與價值的開展

(1)本體詮釋學循環：天人不相勝與天人合一

(2)認知根據與存在根據：心與性體分別做為本體詮釋學循環之認知根據與存在根據

由中國圓教的本體詮釋學論牟宗三所論的圓教：

(1)就以上所列的第一組而言，牟宗三以上所論的「豎說橫說」雖在表面上已近於此中之「縱貫橫攝」，但是，牟宗三的「豎說橫說」指的是一本之仁體之創生（豎）與普潤（橫），而我這裡所說的中國圓教之本體詮釋學所說的「縱貫橫攝」則不僅是指本體之創生（豎）與普潤（橫），亦指存有之轉折與概念之執定為本體之開展所必需，亦即，通過存有之轉折與概念之執定以在宇宙中安排價值與知識；所以，牟宗三「豎說橫說」是就本心與本體之一體渾淪而說，就此一體之渾淪之綜的創生與橫的普潤而言，但是對價值與知識之橫攝於體用縱橫之必要性的開展，仍未及論及。雖然，牟宗三後來以「良知坎陷說」與「執的存有論與無執的存有論的二重存有論」想對價值與知識的橫列系統在儒家圓教的地位做一安排，但此說所預設的仍是「體用渾淪豎說橫說」的「一本之論」，而非「縱貫橫攝」的本體詮釋學。比起熊十力的較能正面面對科學之量智與直覺之性智的問題及通過存有之轉折與概念之執定以在宇宙中安排價值與知識的問題**❷**，牟宗三的立足點已有所倒退。

牟宗三對儒家圓教所做的詮解，比起熊十力的縱貫橫攝的體用論哲學，已有所不同，牟是較為堅定地站穩在陽明心學的根本立場，以之對一本之渾淪做義理之分疏，中國圓教的基本結構與其適應當代的全體大用是否盡如牟之所說，此中問題值得重新研究。筆者認

---

❷ 林安梧認為「縱貫的、創生的關係必已包含了一橫攝的、認知的關係」，參見林安梧《存有·意識與實踐》（臺北，1993），頁152，「體用是一縱貫的、創生的關係，而不是一橫攝的、認知的關係。當然，體用之為體用，它不只是這縱貫的、創生的關係而已，而且這縱貫的、創生的關係必已包含了一橫攝的、認知的關係。」

為：牟宗三的「豎說橫說」和中國圓教之本體詮釋學的「縱貫橫攝」仍有一段距離，如何才能恰當地回應在宇宙中安排現代社會所需之價值與知識的種種問題，當有牟宗三之說法以外的更好的可能性，在此，我所說的「縱貫橫攝」進一步解明了中國圓教之本體詮釋學「三法圓融」、「亦一亦三」與「性修不二、上下迴向」的基本結構，不僅較完整地解明了中國圓教，也能對在宇宙中安排價值與知識的問題有一更恰當的對應方式。

⑵牟宗三所論的一本之論在下列意義下符合了前述的本體詮釋學第二組的兩點，心與性體的合而為一與互相證明，此是一個本體詮釋學循環的關係，此中，心之發用為性體被體認的認知根據，性體之於穆不已則是心的存在根據。但是，此一本體詮釋學循環實亦蘊含了一個縱貫橫攝的體用的三法圓融的內在結構，蘊含了存有自身開顯為存有者的存有的內在轉折和啟明，以貞定生命的概念的執定的體用開展的過程，從而本體詮釋學能開展其價值論與知識論，而不僅是對於心體與性體的迴環之心性論之義理分疏而已，牟宗三的貢獻是集中和限制在後者。

⑶牟宗三雖已論及天臺之不縱不橫，但實未深契不縱不橫所釐清的三法圓融與此中的縱貫橫攝。依筆者所解的天臺圓教，天臺圓教之縱貫是指一念無明法性心之從無住本立一切法，天臺圓教之橫攝則是指不斷斷的性具三千。因此，天臺圓教講「三法圓融不縱不橫」之後，必不停於龍樹四句之否定辯證法，而以「即一即三、即三即一」的圓觀圓行為中介，進至於「一念三千」的理論歸結。天臺圓教必從「不縱不橫」進至於性修不二意義下的「縱貫橫攝」。亦即，存有論的縱貫原理之一念無明法性心在性具三千中，必生起

認識論和實踐論的橫攝原理,從而遍攝一切眾生和一切功德。牟宗三由於未能充份理解到此處所說的天臺圓教之三法圓融與其縱貫橫攝,所以才將天臺圓教譏評爲「團團轉的圓」。

(4)牟宗三評朱子爲別子爲宗,認爲朱子主張理爲只存在而不活動的,牟宗三所評預設了他對儒家圓教之體用縱橫義的特殊理解,此一理解只承認縱貫縱說,而不承認縱貫橫攝。若吾人承認儒家所論體用縱橫義可以是縱貫橫攝的,則亦可理解朱子學爲縱貫橫攝系統中之偏重於橫攝者,而非如牟宗三之判朱子學爲別出(別子爲宗)。

(5)牟宗三將佛道之圓教貶爲只有「作用的保存」上的意義,認爲佛道之圓教並不具有「實體的創生義」,此論是並未妥爲處理佛家道家的圓教所具有三法圓融不縱不橫的思想模型,並未正視佛道之圓教之三法圓融意義下的勝義實體的創生性。

(6)牟宗三闡釋了一心開二門的兩層存有學,用以闡釋其所理解的圓教,其實不論是《大乘起信論》的一心開二門或是康德式的兩層存有學,和我這裡所闡釋的中國哲學的圓教的三法圓融不縱不橫的圓教的思想模型都還有點距離。所以,牟宗三所闡釋的中國哲學的圓教的當代新判教,仍有繼續開拓的空間。

第二節　走向東西哲學之會通:牟宗三的一心開二門的二層存有論的重檢

本節分爲下列各點,於下文展開論述:

1.論題的提出:開啓當代新儒家哲學的新契機的牟宗三哲學

2.當代新儒學哲學的新的出發點：一心開二門作爲哲學的普遍架構

3.走向跨文化哲學的建構：牟宗三的二層存有學，執的存有學與無執的存有學

1.論題的提出：開啓當代新儒家哲學的新契機的牟宗三哲學

論題的提出之文獻學考察可分爲萌芽期與成熟期，⑴萌發期：牟宗三所論的一心開二門早見於《佛性與般若》第二部第五章第二節「起信論之一心開二門」，牟宗三論二層存有論早見於《佛性與般若》第二部第四章第五節「簡濫與抉擇」。⑵成熟期：牟宗三將「一心開二門」視爲東西哲學的普遍模型是在《中國哲學十九講》一書；而將「二層存有論」與所論的體用縱橫義連起來，從而論述了圓教之縱橫義，則是起於《中國哲學十九講》和《圓善論》。以上兩點的進展，使牟宗三哲學趨於成熟，站在世界哲學的高度，進行儒釋道之判攝，而在當代中國哲學上有其不可取代的地位。所以，吾人得以將《中國哲學十九講》和《圓善論》所論視爲「一心開二門」和「二層存有論」之成熟期的論述。

2.當代新儒家哲學的新的出發點：一心開二門作爲哲學的普遍架構

牟宗三以「一心開二門」爲東西哲學的普遍架構。牟宗三說：

順著大乘起信論「一心開二門」之提出，我們今天主要要說
明的，是這個「一心開二門」的架構在哲學思想上的重要性。
因爲就哲學發展的究極領域而言，這個架構有其獨特的意義。
我們可以把它看成是一個有普遍性的共同模型，可以適用於
儒釋道三教，甚至亦可以籠罩及康德的系統❷⑧。

牟宗三認爲「一心開二門」的架構在哲學思想上具有共通於儒釋道
與康德哲學的重要性，是「一個有普遍性的共同模型」，就康德哲
學而言，這是屬於「實踐的形上學」（practical metaphysics）的課題，
而不屬於平常的「理論的（知解的）形上學」（theoretical metaphysics）
的課題，超絕的形上學（超越形上學）則是指理性所提供的理念（Ideas）
必須經由實踐理性才能得到客觀的真實性。牟宗三重新詮釋了「一
心開二門」的思想架構，將之詮解爲「二層存有學」，亦即，執的
存有學與無執的存有學，分別安立了本體界與現象界，批判了西方
的形上學傳統，並賦予中國心性論與道論以當代的意義，亦即，一

---

❷⑧　牟宗三，《中國哲學十九講》，頁298-299。牟宗三緊接著指出：「若將其
　　當作形上學的問題看，則此種問題即是屬於『實踐的形上學』（practical
　　metaphysics），而不屬於平常的『理論的（知解的）形上學』（theoretical
　　metaphysics）。依康德的說法，形上學可分爲『內在的形上學』（immanent
　　metaphysics）與『超絕的形上學』（transcendent metaphysics）兩種。所謂
　　內在的形上學指的是康德哲學中超越的分解，也就是只具有客觀妥效性的
　　先驗綜合知識而言。而超絕的形上學則是指理性所提供的理念（Ideas），
　　比如『超越的辯證』中……但是理性可提供這些理念，而這些理念對著思
　　辯理性而言，即是超絕的形上學。此種超絕的形上學必須經由實踐理性才
　　能得到客觀的真實性」。

方面，由本體開出現象（良知坎陷），賦予中國哲學「現代化」的動力；二方面，攝現象於本體，走出現代的科學一元論的侷限。此一詮釋，深具跨文化哲學（Interkulturelle Philosophie）㉙的意含，下文繼續論述之。

3.走向跨文化哲學的建構：牟宗三的二層存有學，執的存有學與無執的存有學

牟宗三解釋二層存有學如下：

> 一個存在著的物是如何構成的呢？有些什麼特性，樣相，或徵象呢？這樣追究，如是標舉一些基本的斷詞，有之以知一

㉙ 關於跨文化哲學（Interkulturelle Philosophie），參見E. Schadel / U. Voigt 編，Sein - Erkennen - Handeln，lnterkulturelle， ontologische und ethische Perspektiven. Festschrift fur H. Beck zum 65. Geb. （Schriften zurTriadik und Ontodynamik. Bd. 7）. Frankf.-Berlin-Bern-New York-Paris-Wien l994。及 H. Beck下列論文： （1） Kreativer Friede durch Begegnung der Weltkulturen. Herausgegeben von Heinrich Beck u. Gisela Schmirber， Franfurt/M.-Bern-New York-Paris-Wien 1995（Schriften zur Triadik und Ontodynamik，Bd. 9），第17-69頁； （2） Schopferischer Gegensatz zwischen westlicher und ostlicher Kultur. In： Zeitschr. Für Ganzheitsforschung 26 （1982）99/107.； （3）Weltfriede als dynamische Einheit kultureller Gegensatze. Onto-hermeneutische Grundlagen zum Strukturverstandnis der Kultur der Menschheit - als Perspektive eines"dialektisch-triadischen" Wirklichkeitsverstandnisses. In： Heinrich Beck u. Gisela Schmirber編，Kreativer Friede durch Begegnung der Weltkulturen，Franfurt/M.-Bern-New York-Paris-Wien 1995 （Schriften zur Triadik und Ontodynamik， Bd. 9），第17-69頁。

物之何所是，亞里斯多德名之爲範疇。範疇者標示存在了的物之存在性之基本概念之謂也。存在了的物之存在性或實有性。講此存有性者及名曰存有論。因此，範疇亦曰存有論的概念。範疇學即是存有論也。此種存有論，吾名之曰存有論。……吾依佛教詞語亦名之曰「執的存有論」。❸

……故中國無靜態的内在的存有論，而有動態的超越的存有論。此種存有論必須見本源，如文中所説儒家的存有論（縱貫縱講者）及道家式與佛家式的存有論（縱貫橫講者）即是這種存有論，吾亦曾名之爲「無執的存在論」，因爲這必須依智不依識故。……此種存有論亦函著宇宙生生不息之動源之宇宙論，故無常亦合言而曰本體宇宙論。❹

……

若越出現象存在之外而肯定一個「能創造萬物」的存有，此當屬於超越的存有論。但在西方，此通常不名曰存有論，但名曰神學……吾人依中國的傳統，把這神學仍還原於超越的存有論，此是依超越的，道德的無限制心而建立者，此名曰無執的存有論，亦曰道德的形上學。……因此，依中國傳統圓實智慧而做消融或淘汰，結果只有兩層存有論：執的存有論與無執的存有論。❺

---

❸ 牟宗三，《圓善論》，1985，臺北，頁337。
❹ 牟宗三，《圓善論》，1985，臺北，頁338。
❺ 牟宗三，《圓善論》，1985，臺北，頁340。

簡言之，依範疇而探討物之存在性或實有性是「執的存有論」，而依超越的無限心而建立「無執的存有論」；一方面，真心依其超越義得以建立無執的存有論，二方面，安立了本體界，而真心通過坎陷之過程與曲折則可以成立執的存有論，以奠定現象界的秩序的先驗基礎。牟宗三所提出的二重存有論的宗旨，可由下列三點闡釋其跨文化哲學的意含：(1)知識的批判，(2)自律倫理學的批判，(3)無執的存有學的跨文化哲學的意含。分別簡論如下：

(1)**知識的批判**：牟宗三提出「執的存有學」，旨在對科學知識的基礎和範圍提出批判。一方面，就此一批判的消極側面而言，科學的運作必定運用到知解的概念和範疇，而此一概念之運作起於識心之執，既非主體性的全部，亦不能回答主體在實踐上之自由與解脫的相關課題。另一方面，就此一批判的積極側面而言，批判了科學知識的基礎和範圍，藉由「窮智見德」之路，正所以為信仰之地位和德行之境界開啓方便之門；再者，若只有「無執的存有學」而無「執的存有學」，亦不能利用厚生，形成現象世界的理性秩序。所以，「自我坎陷」出識心之執已成就知解知識，有其必要。牟宗三對於知識的批判，就其跨文化哲學的意含而言，知識的批判一方面是對科學一元論的物化傾向的批判，二方面是對東方道論的輕視物論的批判，會通東西哲學，正所以將各自的傳統開放給未來哲學的共通界域。

(2)**自律倫理學的批判**：牟宗三提出「無執的存有學」，主旨之一對康德的自律倫理學提出批判並證成圓教。其批判如下，其一，康德倫理學之自律概念不能只就意志之自我立法和訂定形式性的道德法則而言，而亦並進而問及最高善做為實踐理性的必然對象。道

德法則是道德行動的決定根據，最高善則是實踐理性的必然對象。牟宗三稱「最高善」為「圓善」，而以儒家的道德的形上學來說明其意涵，對康德之說提出批判。其二，康德的自律倫理學若只以道德法則為理性事實，而將自由意志只當作設準，牟宗三認為，那麼人的道德實踐的動力必缺乏說明，而若只以道德法則為行動的超越根據，缺乏進一步的相關的智的直覺，必無法透顯性體之生生之德，所以，光是康德的道德底形上學是不足的，因為這只能成就一套對道德法則的形而上闡釋，而我們必須進至於道德的形上學之完成，這才能進至於性體與道德之體證，而成就道德的形上學作為一種無執的存有學❸。牟宗三對於自律倫理學的批判，就其跨文化哲學的意含而言，牟宗三的康德倫理學詮釋並不自限於成就一套對道德法則的形而上闡釋，而進至於道德的形上學，因此銜接於德意志觀念論關於自由形上學與精神哲學的發展，並通向當代形上學的反思。

(3)**無執的存有學的跨文化哲學的意含**：在當代形上學的反思當中，自從海德格批判了西方形上學的存有神學構成之後，如何解構形上學的殘餘與如何重探存有思想，成為當前的哲學課題。在此脈絡底下，後現代哲學著力於解構形上殘餘；而京都學派、貝克（H. Beck）與成中英的本體詮釋學學派和先驗多瑪斯學派，皆著力於以不同於傳統形上學的方式重新開展形上智慧；而牟宗三的「無執的

---

❸　事實上，康德在《判斷力批判》第91節指出「自由的實在性是一個特殊的因果性」，「可以在經驗中得到驗證」，從而自由是「一切純粹理性的理念中唯一的理念，其對象是事實（deren Gegenstand Tatsache ist），而必須列入可知覺的東西（Scibilia）之內的」，康德在此並未以自由意志只當作設準。

存有學」的進路，則如前述，一方面批判了西方的內在形上學傳統與科學一元論的反形上學觀點，解構西方理論形上學的殘餘，二方面卻也從實踐的立場重構道德的形上學。就無執的存有學的跨文化哲學的意含而言，牟宗三的無執的存有學兼具兩種不同進路（解構和重構）的時代意義，而不流於東西方哲學傳統之各執於一偏，他一方面解構了西方理論形上學的傳統，二方面又重構東西方的實踐形上學的智慧。

第三節　臺灣當代新儒家哲學的前瞻：熊牟唐方的儒學思想體系之差異及臺灣當代新儒家哲學的未來發展

在上述討論的思想脈絡中，就臺灣當代新儒家哲學的回顧與前瞻的課題可進一步再加論述，試分以下幾點論述臺灣當代新儒家思想的未來發展的方向：

1.當代新儒家哲學的歷史反思：熊十力、牟宗三、唐君毅與方東美的體系之差異

熊十力之體用論是一種林安梧所闡釋的「存有三態論」（三的辯證的道體存有論），這是一種三的辯證的道體存有學❸，以「體用不二

---

❸　「三的辯證的道體存有學」一語用本體詮釋學（Onto-Hermeneutik）的倡導者貝克（H. Beck）所論述的 Triadik und Ontodynamik（三的辯證與存有律

而有分，分而仍不二」爲其基本結構❸❺。從存有的創生到存有的轉折再到概念的執定，闡明了道體的三的辯證運動，熊十力認爲老子的「一生二，二生三，三生萬物」和易傳所說的三爻之「天地人三才之道」表達了他自己的體用哲學的同樣的思想模式。此中，一方面，存有轉化出實體學與執定出概念的知解的知識體系，爲道體的三的辯證的內在的運動環節，開顯了儒家哲學與西方亞里斯多德以降的實體學的存有學和近代以來的以知識論爲重心的哲學進路的銜接的可能性，二方面，在不同哲學體系的對比中，「三的辯證的道體存有學」提供了對於西方亞里斯多德以降的實體學的存有學和近代以來的以知識論爲重心的哲學進路的批判反省的參考座標，類似的批判也存在於海德格對於西方形上學傳統和近代科技的批判當中。中國佛學的佛性詮釋之傳統也是「三的辯證的道體存有學」之一例，它發展了印度空有二宗的許多隱而未發的哲學課題，就此而言，「三的辯證的道體存有學」也是印度佛學與中國佛學的比較研究的一個重要的理論構成，因此，熊十力之體用論的特殊進路有其比較研究上的重要性。

　　牟宗三以「一心開二門的二層存有論」爲其體用哲學的基本模型。一方面進行知識批判，二方面證成了無限心的無執存有學的儒釋道的共通的理論模型。牟宗三的「一心開二門的二層存有論」是

動）之相關義涵，參見「三的辯證與存有律動叢書」第一冊與第二冊的相關論文。「存有三態論」則見林安梧〈後新儒家哲學之擬構——從「兩層存有論」到「存有三態論」〉，1999年7月，第十一屆國際中國哲學會議。

❸❺　關於「體用不二而有分，分而仍不二」的基本結構，參見賴賢宗的〈熊十力的體用論的基本結構與平章儒佛〉一文，收於本書。

由對康德哲學的批判轉化而來，未能如熊十力之能論述「三的辯證」，對於辯證的道體的能動性和全體性的說明較未著力，對於天臺佛學的詮解也偏重於主體面之一念心之不斷斷，而對於天臺佛性存有論之不縱不橫三法圓融的把握也有所不足。牟宗三對於後康德之德國哲學的發展也採取一種批判的態度，認爲是未能進至於無限心的道德的形上學，而對於哲學史上的德意志觀念論的對於康德哲學的智的直覺和最高善的論題的進一步的積極開展採取一種忽略的態度㊱。相對於此，唐君毅哲學則對於牟宗三的此一忽略做了重要的補充，釐清了東西哲學的道論存有學與心性論的道德主體之體系哲學的相通的基本結構㊲。

　　唐君毅反省了東西哲學的道論與心性論的理性意識存有的三個環節的通而爲一的共通的基本結構，他論述了宋明理學的理心氣的三個環節與德國古典哲學之理性意識存有的三個環節的在理論結構上的相互符應，爲東西人文精神傳統找到了共同的思想基礎。若和德國古典哲學作一個比較，牟宗三的「一心開二門的二層存有論」是從《起信論》和康德哲學轉化而出，而較近於費希特的主觀觀念論的哲學體系，因爲皆重視主體能動性而以之爲哲學的第一原理，牟宗三自己的儒學傾向於陽明學，亦相應於主體能動性之強調。唐君毅則自許其體系近於黑格爾哲學，蓋二者皆重視歷史辯證的面向，

㊱　參見賴賢宗〈當代新儒家的道德的形上學之重檢：以牟宗三哲學與德意志觀念論爲研究中心〉一文，1999年7月發表於第十一屆國際中國哲學會會議，並收入本書。

㊲　參見賴賢宗〈唐君毅早期哲學與德意志觀念論〉，收於《鵝湖學誌》，1997年6月號，並收入本書。

且以和主觀面與客觀面爲一的絕對與精神爲其哲學的出發點，唐君毅的儒學研究能出入諸家，而歸宿於船山學和蕺山學，亦與他在其思想突破中把握到了東西哲學的理性意識存有和理心氣的三個共通環節有關。

方東美和唐君毅一樣受到黑格爾哲學的影響較大，他以易經哲學與華嚴哲學爲基本範型，闡釋中國傳統思想所具有的廣大和諧、旁通統貫的機體主義哲學，方東美指出「中國哲學上之一切思想觀念，無不以此類通貫的整體爲其基本核心，故可藉機體主義之觀點而闡釋之……形成一在本質上彼是相因，交融互攝，旁通統貫之廣大和諧系統」❸，認爲中國哲學儒釋道三家的三大通性與特色在於一本萬殊論、道論與人格品德崇高論❸，他並在比較文化哲學的高度曠觀中西印文化的共命慧與自證慧❹。在以上的觀點下，方東美不並完全贊同熊牟等人關於儒家體用哲學的解釋和中國哲學與中西文化的新判教，方東美強調「體用一如」，主張事理「交融互攝，終乃成爲旁通統貫的整體」❹。

承前，熊十力、牟宗三、唐君毅和方東美的體系之基本思想模式可簡示如下：

---

❸ 方東美，《生生之德》，臺北，黎明出版社，1979，頁284。

❸ 方東美，〈中國形上學中之宇宙與個人〉，收於《生生之德》，此處的討論見頁285；又見《中國哲學之精神及其發展》（孫智燊譯），臺北，成均出版社，1984，頁4，孫將此三點譯爲旁通統貫論、道論與人格超昇論。

❹ 方東美，〈哲學三慧〉，收於《哲學三慧》，臺北，三民出版社，1971，及《生生之德》，臺北，黎明文化事業公司。

❹ 方東美，〈中國形上學中之宇宙與個人〉，收於《生生之德》，此處的討論見頁284。

(1)熊十力之體用論是一種「存有三態論」（三的辯證的道體存有學）。

(2)牟宗三以「一心開二門的二層存有論」爲其體用哲學的基本模型。

(3)唐君毅反省了「東西哲學的理心氣與理性意識存有的三個環節的相通的基本結構」。

(4)方東美站在機體主義哲學的立場，詮釋中國哲學儒釋道三家的通性與特色在於一本萬殊論、道論與人格品德崇高論。

2.中國哲學之圓教的進一步重省，重新反思中國哲學的思想基盤：

熊十力、牟宗三和唐君毅的體系之差異，可以牟宗三所論的「一心開二門的二層存有論」爲反思的起點。牟宗三論述了「一心開二門的二層存有論」，以其爲中國圓教之基本模型，其長處與短處分述如下：其長處如下，就東土哲學的進一步發展而言，牟宗三的論述頗有其長。首先，由心真如安立真如門，由道體性體安立心體，牟宗三哲學挺立道德主體，再者，由真如門通心真如，由心體通道體性體，啓發了內在而超越之道，最後，攝生滅門於心真如，貞定了識心之執。其短處如下，「一心開二門的二層存有論」較不能用以論述中國古典儒家道家哲學的「三的辯證的道體存有學」，熊十力的哲學系統則較無此一缺失。牟宗三雖長於天臺佛學，但是其天臺詮釋卻對於天臺佛性存有學之三法圓融不縱不橫一義的把握有所不足。復次，就與西方哲學對比而言：「一心開二門的二層存有論」能會通於康德的物自身與現象的區分，並進而消化康德，消化而至

者，以道德理性之主體能動性作爲體系的出發點，其實近於費希特的體系❷，著重於強調「主觀的一主客合一」，而較忽略另一方面之「客觀的一主客合一」（謝林），亦忽略了「絕對的一主客體」（黑格爾）。另一方面，牟宗三所論的智的直覺近於謝林之「絕對的認知」，而非黑格爾的「認知的絕對」❸。

　　牟宗三的「一心開二門的二層存有論」之會通和消化康德，是基於某種康德詮釋，並非基於康德哲學的必然發展，就德國古典哲學之發展而言，此一發展亦有待黑格爾的最後的綜合。又，「執的存有學」的「執」帶有貶義，「自我坎陷」一詞亦然，知解知識與實體形上學在牟宗三的體系中皆難成爲有機組成的一份子。類似的情況也見於牟宗三分列「縱貫體系」與「橫列系統」，朱子學因較強調知識，強調知識與德行是處於辯證的關係之中，被牟宗三判爲橫列系統。牟宗三對於西方的亞里斯多德以降的實體形上學和知識論傾向的近現代哲學皆抱持一種輕視的心態，牟宗三和他們的哲學實難以銜接和互相融合，從而形成了較爲封閉性格的哲學體系。如前所述，林安梧曾就此中的中國哲學的圓教問題以「存有三態論」與「二層存有論」的對比的方式提出討論。近年來，臺灣的新生代

---

❷　關於牟宗三哲學與費希特哲學近似之處，李明輝說「他〔牟宗三〕取消康德哲學中理性與直覺之對立，而像菲希特（J.G.Fichte）一樣，將『智的直覺』視爲實踐理性的表現方式」，見李明輝的《當代儒學之自我轉化》，臺北，1994，頁69。

❸　參照賴賢宗的〈當代新儒家的道德的形上學之重檢：以牟宗三哲學與德意志觀念論爲研究中心〉的第二節「德意志觀念論與當代新儒家哲學：牟宗三對道德的形上學的進一步發展的前瞻與其論點的未盡之意」的相關討論。

新儒家哲學家對此課題的討論以謝大寧的《儒家圓教底再詮釋》❹一書較爲重要，謝大寧在此書中論述了牟宗三的天臺圓教詮釋與他自己所建構的圓教基本模型的衝突，雖然謝大寧的佛學論述並不夠精緻，但是已足以讓我們看出牟宗三的相關詮解的疑義所在，謝大寧此書的第二個較大貢獻是提出「溝通倫理學底存有學轉化」來回應當代倫理學對康德自律倫理學的挑戰，「溝通倫理學底存有學轉化」一詞出於謝氏自己的創造，這是一個放在當代西方哲學的討論脈絡當中的語辭內部不一致的壞名辭，因爲溝通倫理學是反對存有學的轉化的。但是，從謝大寧的所謂的「溝通倫理學底存有學轉化」的努力中，以及由林安梧的「後新儒家哲學」和「牟宗三之後」的提法以及他對「道的錯置」的批判當中❺，可以看出當前的臺灣新生代新儒家哲學家對於突破牟宗三哲學的限度的渴望和努力，尤其是可以感覺到他們在面對當代政治哲學法哲學者對於儒家哲學的政治實踐的質疑時的高度的焦慮。

相對於牟宗三，一如前述，唐君毅哲學較能站在宋明理學和德國古典哲學家的發展史來論述其整體脈動，恰當地闡釋宋明理學和德國古典哲學的三個環節的發展進程的相應關係，亦較能銜接於西方的亞里斯多德以降的實體形上學和知識論傾向的近現代哲學，而對於佛教圓教與朱子學較能深入於思想基盤而做同情的理解。相對於牟宗三的「一心開二門的二層存有論」，方東美站在黑格爾哲學、易經哲學和華嚴哲學的根本立場，詮釋中國哲學儒釋道三家的共通

---

❹　謝大寧，《儒家圓教底再詮釋》，臺北，學生書局，1996。

❺　林安梧，《儒家革命論》，臺北，學生書局，1998，第2、3、11、12章。

性與特色在於一本萬殊論、道論與性善論，發揚了中國哲學的機體主義，「形成一在本質上彼是相因，交融互攝，旁通統貫之廣大和諧系統」❻，對於「二層存有論」的可能有的陷於本體與現象二元分離提出了反思與克服危機之道。當然，牟宗三的二層存有論並不一定會陷入於此一二元分離之危機，因爲「辯證的綜合系統（在有機發展中建立者）必以超越的分解爲根據」❼，三的辯證是以二層存有論的超越的分解做爲底子，而二層存有論可以隨時展開爲三的辯證，牟宗三就此指出「在工夫的過程中，當然也可以講黑格爾義的辯證的綜合……隨時可以講圓頓之教，辯證馬上解除，當下證得本體」❽。

3.人文精神之進一步落實於當代社會與臺灣本土情境

牟唐徐三人共同建構了當代新儒學的人文主義論述。就此而言，他們的貢獻分別如下： 徐復觀論證了專制制度與中國人文主義傳統的互不相容，並闡釋了中國藝術精神以擴大中國人文主義傳統的思想幅度。唐君毅論述了道德意識與文化意識的關係，將文化意識與

---

❻　方東美，〈中國形上學中之宇宙與個人〉，收於《生生之德》，此處的討論見頁284-285。

❼　牟宗三，《生命的學問》，臺北，三民書局，1978（三版），頁227。

❽　牟宗三，〈超越的分解與辯證的綜合〉，1994年中西比較哲學會議講稿，轉引自謝大寧牟宗三，《儒家圓教底再詮釋》，頁130。

精神宇宙建立儒家道德哲學的基礎之上❹。牟宗三進一步建構了儒家的「道德的形上學」，並在這個基礎之上，提出「良知坎陷說」以收攝現代性之民主和科學，並提出「眞善美合一」說，將人文價值的各個面向收攝在道德的形上學的心性主體之中，牟宗三的這些理論可以說已把新儒學的道德心性論說的圓而又圓，無所不包。

但是，牟宗三的上述的道德的形上學也引生了不少批判的聲音，認爲這種圓而又圓的道德的形上學是將知識與價值的豐富面向給窄化了，不能落實於當代的實踐處境，成中英就此指出：

> 當代新儒家往往就價值的理想層次進行了思考與冥想，往往忘卻了廣大和精微知識理論與現實的重要相關性，更蔑視了知識所包含的主體的客體（觀）性與客體的主體（觀）性，也就未能理解客體性像主體性一樣具有同等的本體性……喪失了知識性的廣大與精微了。如何面對及眞正掌握與解決現實世界中的問題（其中包含民主化與法律制度化等問題）也就變成一項最大而又無法在理論上眞正克服的挑戰❺

簡言之，成中英認爲，牟宗三的道德的形上學不能把握到知識與價值的豐富面向及其本體的意義，使得儒學在當代社會的實踐顯

---

❹ 唐君毅，《人文精神之重建》，香港，1955年，新亞研究所初版（1974年，臺再版）；唐君毅，《中國文化之精神價值》，臺北，1953年初版，正中書局；唐君毅，《文化意識與道德理性》，香港，1958，友聯出版社初版（1975年，臺再版）。

❺ 成中英，〈當代新儒學與新儒家的自我超越：一個致廣大與盡精微的追求〉，1994，香港，第三屆當代新儒學國際學術會議。

得難以著力,成中英一方面從本體詮釋學的高度對於牟宗三的道德的形上學提出批判,二方面則論述了知識與價值的豐富面向並不能化約成當代新儒家哲學的思想體系。

　　不僅是牟宗三的道德的形上學受到了挑戰,牟宗三提出「良知坎陷說」以收攝現代性之民主和科學,也引起其他學者的批判。此中,沈清松反省儒學與現代民主時,就德性論倫理學與批判理論的哲學立場,對牟宗三學派的當代新儒家政治學提出三點反省❺。而陳忠信的〈新儒家「民主開出說」的檢討:一個知識論的反省〉(1988)是相關討論中的一篇重要論文,陳文批判了牟宗三的「良知坎陷說」,他指出「本文重構〈宣言〉及牟宗三『本內聖之學解決外王問題』之論旨。指出牟氏之論證,基本上是建立在黑格爾式之『精神的內在有機發展』這一唯心主義本質論之表現性的總體性觀點之上……最後掉入一沒有實踐的可能性之空泛的概括性原則中,而無法為儒家之政治理想在社會上創造新的與具體的展現方式」❺。

　　面對這些挑戰,一些當代新儒家哲學家發展了當代的應用倫理學的多元論述實踐,中央大學哲學研究所的一批當代新儒家哲學第三代牟宗三學派學者 (李瑞全、朱建民) 不再深入「良知坎陷說」以收攝現代性之民主和科學的理論說明,轉而開展了當代的應用倫理學的多元論述實踐,他們主要的建樹在於管理哲學、生命倫理學與

---

❺　沈清松,〈儒學與現代民主之前景〉,收於杜維民編,《儒學發展的宏觀透視:新加坡1988年儒學群英會紀實》,臺北,正中書局,1997,此處的討論見頁421-424。

❺　見陳忠信的〈新儒家「民主開出說」的檢討〉,收於《臺灣社會研究季刊》,1988冬季號,臺北,1988,此處的討論見頁101-102。

生態哲學的探討，嘗試直接或間接地把這些討論與儒家哲學關連起來❸。

4.新判教的哲學思考與多元論哲學、文化會通

對於唐君毅而言，儒家的思想是整合世界的精神資源，足以成就人文意識之精神宇宙。牟宗三則將此一整合建立在兩層存有學的「新判教」之上，用以統觀東西哲學與宗教。相對於唐牟的這種系統理解的進路，鄭家棟指出，在當代多元論的實踐處境當中，後牟宗三的當代新儒家哲學關心的更是新儒家哲學「作爲一種思想資源如何融入多元化思考的格局之中」❹。因此，吾人在後牟宗三新儒家哲學中，除了反思牟宗三的新判教所可能蘊含的問題之外，應當關心在多元化的世界文化當中，新儒家哲學怎樣成爲一項思想資源，而能和其他文化傳統從事開放互動的對話與會通。就此而言，可舉杜維明和劉述先近年來的努力爲代表，說明如下：

杜維明所論的儒學的第三期發展，所關心的重點不是牟宗三式的思想體系的建構，而是儒學作爲一種思想資源對於當代人的生活之可能影響❺，嘗試由「存有的連續性」詮釋儒家的形上學❻，以「體

---

❸ 這個努力方向以中央大學哲研所的李瑞全、朱健民教授爲代表，成立「國立中央大學哲學研究所應用倫理學言究室」，出版《應用倫理學研究通訊》。

❹ 鄭家棟，《當代新儒學論衡》，臺北，桂冠出版社，1995，頁79。

❺ 杜維明，《儒學第三期發展的前景問題》，臺北，聯經出版社，1989。

❻ 杜維明，〈存有的連續性：中國人的自然觀〉，收於《儒家思想》，臺北，東大，1997。

證之知」的觀點詮釋儒家的知識論❺，以「人道論」在人文主義脈絡中的解釋來詮釋儒家的價值論與倫理學政治學❺；杜維明的這些詮釋彰顯了儒家哲學的特殊性，並與西方哲學展開對話。

劉述先則嘗試使新儒家哲學脈動能與當代社會的多元論脈動得以結合起來，一方面提出「月印萬川」的思想模式以做爲儒家的多元論哲學的方法論❺，二方面擴大儒學與西方哲學對話的空間，並對儒家傳統文化的既有的缺失和弱點，提出省察。劉述先和杜維明的努力促使新儒家哲學的活力可以更佳地在當代社會的多元化與全球化脈動中得其成長。

就儒家與康德之比較哲學的課題而言，當代新儒家哲學面對康德哲學有兩種回應的方式：第一種方式，李明輝闡釋儒家倫理學是康德的自律倫理學，又以牟宗三的康德式的「二層存有論」與康德詮釋爲基礎，探索了「當代儒學的自我轉化」之道❻。第二種方式則走出形式主義倫理學的康德詮釋，將康德哲學置於德意志觀念論的發展脈絡中，再將儒家哲學的課題放於這個脈絡中去做進一步的對話，除了唐君毅與方東美曾這樣進行此一對話之外，這也是當前

---

❺ 杜維明，〈儒學「體知」傳統的現代詮釋〉，收於《十年機緣待儒學》，香港，Oxford，出版社，1999。

❺ 杜維明，〈儒家論作人〉、〈先秦儒家思想中的人的價值〉等篇，收於《儒家思想》，臺北，東大，1997。

❺ 劉述先，《新儒學的開展》，東海大學通識教育中心編印，1997，頁64。

❻ 分別參見李明輝《儒家與康德》（1990，臺北）、《康德倫理學與孟子道德思考之重建》（1994，臺北）與《當代儒學的自我轉化》（1994，臺北）等書。

當代新儒家哲學的思想脈動的重要面向之一❻。

後記：1998年9月27日至1998年10月17日，寫初稿於臺北，1999年10-11
　　　月修改之後，收於《五十年來臺灣人文學術研究》（臺北，2000
　　　年，學生書局）。

---

❻　此種嘗試之一例參見前述賴賢宗的〈當代新儒家的道德的形上學之重檢：
　　以牟宗三哲學與德意志觀念論爲研究中心〉、〈牟宗三論體用縱橫〉、〈唐
　　君毅早期哲學與德意志觀念論〉諸文，收於本書中。

賴賢宗《體用與心性》

中文索引條目

國家圖書館出版品預行編目資料

體用與心性：當代新儒家哲學新論

賴賢宗著.— 初版.— 臺北市：臺灣學生，2001 [民 90]
面；公分
含索引
ISBN 957-15-1083- 1 (精裝)
ISBN 957-15-1084-X (平裝)

1.哲學—中國—現代(1900—　　　　)—論文，講詞等

128.07　　　　　　　　　　　　　　　　　90010012

體用與心性：當代新儒家哲學新論 (全一冊)

著　作　者：賴　　　　　賢　　　　　宗
出　版　者：臺　灣　學　生　書　局
發　行　人：孫　　　　　善　　　　　治
發　行　所：臺　灣　學　生　書　局
　　　　　　臺北市和平東路一段一九八號
　　　　　　郵 政 劃 撥 帳 號 ： 0 0 0 2 4 6 6 8
　　　　　　電　話　：（0 2）2 3 6 3 4 1 5 6
　　　　　　傳　眞　：（0 2）2 3 6 3 6 3 3 4
本書局登
記證字號：行政院新聞局局版北市業字第玖捌壹號
印　刷　所：宏　輝　彩　色　印　刷　公　司
　　　　　　中和市永和路三六三巷四二號
　　　　　　電　話　：（0 2）2 2 2 6 8 8 5 3

精裝新臺幣三四〇元
定價：平裝新臺幣二七〇元

西 元 二 〇 〇 一 年 六 月 初 版

12807